MARIA ROSSBAUER
Drei Bier auf die Vier

Maria Rossbauer

Drei Bier auf die Vier

Vom Abenteuer, die eigene Kneipe zu eröffnen

blanvalet

Sonja, Hansi, Werner, Anna und ich – wir alle sind real,
genauso wie der Klinglwirt in München. Dieses Buch beruht auf
unseren Erlebnissen. Doch um uns alle zu schützen und auch,
um einige Begebenheiten ein wenig unterhaltsamer zu erzählen,
habe ich manche Namen, Szenarien und andere Details
geändert. Auch Angaben über Vereinbarungen und Finanzielles rund
um den Klinglwirt entsprechen nicht unbedingt den tatsächlichen
Begebenheiten, sondern orientieren sich an für München
übliche Bedingungen. Dieses Buch erhebt also keinen
hundertprozentigen Faktizitätsanspruch.

Verlagsgruppe Random House FSC® N0011967
Das für dieses Buch verwendete FSC®-zertifizierte Papier
Holmen Book Cream liefert Holmen Paper, Hallstavik, Schweden.

1. Auflage
Originalausgabe Dezember 2013
bei Blanvalet Verlag, München,
einem Unternehmen der Verlagsgruppe Random House GmbH
Copyright © 2013 by Blanvalet Verlag, München
Umschlaggestaltung: © Johannes Wiebel | punchdesign
wr · Herstellung: sam
Satz: Mediengestaltung Vornehm GmbH, München
Druck und Einband: GGP Media GmbH, Pößneck
Printed in Germany
ISBN 978-3-442-38177-7

www.blanvalet.de

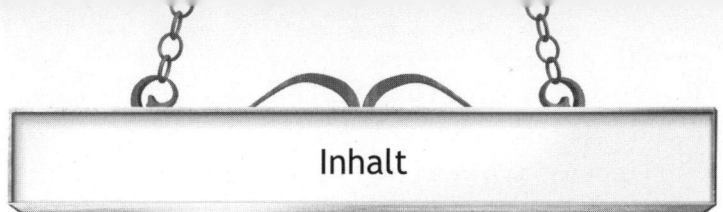

Inhalt

Die Wahrheit liegt im Glühwein

Wenn wir früher gewusst hätten, dass man nach einem Becher Glühwein gleich sein Leben umschmeißt, hätten wir wahrscheinlich viel öfter einen getrunken. Na ja, vielleicht auch nicht. Schließlich schmeckt so ein Glühwein ja eigentlich wie pappsüße Zuckerbrühe mit einem Teelöffel Traubensaft drin. Sonja hatte schon nach dem ersten Schluck das Gesicht verzogen. Aber selbst schuld, was mussten wir den Glühwein auch bei einer Holzbude mit Plastikstühlen davor kaufen. Plastikstühle sind doch schließlich immer irgendwie ein Zeichen für billiges Zeug. Was wirklich selbst Gekochtes habe ich noch nie in einem Laden mit Plastikstühlen davor gegessen – immer nur Fertigpizza, Dosenwürste oder Tiefkühlpommes –, und den allerwässrigsten Filterkaffee servieren sie einem todsicher auch in Kneipen mit Plastikstühlen davor. Aber die Plastikstuhlbude war nun einmal der einzige Stand mit Glühwein weit und breit. Und wir brauchten jetzt einen, denn uns war schweinekalt.

Es hatte mich ja auch ausgerechnet im kältesten Winter seit Jahren nach Hamburg verschlagen. Im Radio hatten sie gesagt, so viel Schnee wie Anfang 2010 habe es hier schon lange nicht mehr gegeben. Sonja besuchte mich trotzdem. Sie zog für ein paar Tage auf den Boden meines klitzekleinen WG-Zimmers, dann musste sie wieder zurück nach München, wo wir beide herkommen. Das heißt, wir sind nicht wirklich aus München, sondern aus der Nähe. Sonja kommt aus Antholing, einem kleinen Dorf im Süden von München, ich aus Dürnhart, einem kleinen Dorf im Norden. Aber in München haben wir uns kennengelernt und unendlich viel Zeit miteinander verbracht. Vor allem in Kneipen. Schon auch, um dort Bier zu trinken oder Wein oder Schnaps. Hauptsächlich aber haben wir dort gearbeitet, um unsere Studien zu finanzieren. Für uns beide war das eine leichte Übung: ich, die gelernte Hotelfachfrau, und Sonja, die Wirtstochter.

In einer dieser Kneipen haben wir mehr als fünf Jahre zusammengearbeitet. Sonja und ich jonglierten dort so einige Teller voll mit Sandwiches, Schinkennudeln und riesigen Salaten durch eine grölende Meute, schenkten literweise Bier in Weißbier-, Helle- und Pilsgläser und bewältigten das tägliche Chaos. Die Kellnerkasse gab nämlich am liebsten dann den Geist auf, wenn der Laden gerade so richtig voll war. Das waren auch die Momente, wo gerne mal eine Kellnerin stolperte und ein paar Biere auf den Schoß eines Gastes kippte oder – beliebte Variante – Erdbeermilchshake in den Nacken. Genau dann wollten natürlich die Gäste am Nebentisch den Salat bitte ohne Paprika, dafür mit extra Schafskäse und ein kleines Radler mit Mineralwasser statt Limo.

Sonja und ich kämpften gegen akut aufkommende Schreikrämpfe, verhandelten mit Köchen, wischten den Boden, besänftigten nassgespritzte Gäste mit einem Gratisschnaps. Am Ende solcher Tage sanken wir auf die Barhocker, ließen unsere Köpfe auf den Tresen fallen und machten blöde Witze mit den letzten drei Stammgästen. Lustig war das alles trotzdem.

Mittlerweile aber war ich Diplom-Biologin, Sonja Diplom-Betriebswirtschaftlerin, und es war Schluss mit kellnern. Dachten wir.

Das Gute an strengen Wintern in Hamburg ist: Manchmal friert sogar die Alster zu. Das kommt nur alle heilige Zeiten vor, sagen die Leute, aber in diesem Jahr war es einmal wieder so weit. Der gemeine Hamburger behauptet dann, dass es kaum etwas Schöneres gäbe, als übers Eis zu laufen und dabei auf die Stadt zu schauen, Rathausturm, Schneedächer und so. Also hatten wir uns eingepackt wie für eine Exkursion in die Antarktis und krochen ins lausige Wetter. Sonja hatte ihre schwarze Jacke an, die ein bisschen wie eine Bettdecke daherkommt, und die lila-weiße Strickmütze mit den Ohren. Sie sah aus wie das Michelin-Männchen, nur in Schwarz. Vielleicht wirkte Sonja mit der Jacke nur so aufgeplustert, weil sie nur einen Meter sechzig groß ist, ungefähr so klein bin ich auch. Es ist auch ein echter Vorteil, wenn beste Freundinnen gleich groß sind, dann muss man sich nicht immer nach oben strecken oder nach unten bücken zum Lästern.

Wir stiegen vorsichtig vom schneebedeckten Ufer auf die Alster – schließlich wollten wir den kostbaren Glühwein nicht verschütten – und wanderten los Richtung Innenstadt.

»Und wenn du einfach nimmer hingehst?«, fragte ich.

Sonja seufzte.

»Ich weiß nicht.«

Sie sah aufs Eis und schüttelte langsam den Kopf.

Sonja hatte einen von den Jobs, die man macht, wenn man glaubt, dass man etwas Vernünftiges arbeiten muss: Unternehmensberatung. Ich weiß gar nicht mehr, wie sie darauf gekommen ist. Das muss sich irgendwann nach ihrem Studium ergeben haben. Jetzt hing sie schon seit fast zwei Jahren in dieser Firma herum, am Anfang war sie noch ziemlich begeistert gewesen, nun wirkte sie mehr und mehr zermürbt.

»Wenn ich Glück hab, gehen die eh bald pleite.«

»Na, da kannst auch nicht drauf spekulieren, oder?«

»Nein, aber … Ach, so oder so, ich hab einfach keinen Bock mehr. Auf diese Berater mit ihrem Getue. Und auf meinen Chef. Wenn der schon in der Früh seinen Ferrari einparkt, krieg ich nen Hautausschlag.«

Sonja schimpfte noch ein bisschen über ihre Arbeit, dabei fielen auch ein paar Wörter, die man hier besser nicht schreibt. Dann schwiegen wir wieder und tappten vorsichtig ein paar Meter weiter übers Eis.

»Aber dein Gehalt ist schon da, oder?«

»Natürlich nicht«, grummelte Sonja.

Es war keine Seltenheit, dass Sonja ihr Geld drei Wochen zu spät bekam. Mir kam es vor, als hätte sie ihren Plastikstuhlbuden-Glühwein am liebsten aufs Eis gepfeffert. Aber sie riss sich offensichtlich zusammen. Trotzdem wurde immer klarer: Sonja wollte da raus. Nur wie sollte es dann weitergehen?

Ein paar alte Männer hatten den Schnee an einer Stelle von der Alster gefegt, sodass eine glatte Eisbahn entstanden war. Darauf versuchten sie nun, Eisstöcke in die Nähe eines kleinen Holzstücks zu schlittern. Schaffte es mal einer recht nah heran, johlte er vor Freude, und die anderen alten Männer klopften ihm anerkennend auf die Schulter. Sonja blieb stehen und lächelte.

»Wie beim Kegeln auf dem Waldfest«, sagte sie.

»Wie?«

Ich zog die Augenbrauen hoch.

»Ach so. Waldfest im Klinglwirt.«

Zum Kegeln braucht man zwar eine Kugel und keinen Eisstock und auch nicht unbedingt eine zugefrorene Alster, sondern vielleicht eine betonierte Kegelbahn oder zumindest ein sehr langes, breites Holzbrett, aber Sonja erinnerten schnell irgendwelche Dinge an den alten Klinglwirt. Einmal Vanilleduft auf dem Weihnachtsmarkt gerochen, zack, schon denkt sie an die Vanillesoße von der Oma im Klinglwirt. Ein paar Leuten auf der Straße beim Theaterspielen zugeschaut – »Die spielen dieses eine Stück, das hat auch die Theatergruppe gespielt, die immer im Saal über der Wirtsstube geprobt hat.«

Sonja ist nämlich in einem Wirtshaus aufgewachsen, im Klinglwirt. Ihre Mutter war die Chefin dort, bis sie das Gasthaus ihrem Bruder, also Sonjas Onkel, übergab. Damals war Sonja zehn Jahre alt. Der Onkel führte den Klinglwirt noch ein paar Jahre, dann gab er die Wirtschaft auf.

Ich glaube, Sonja ist nie so richtig darüber hinweggekommen, dass es den Klinglwirt nicht mehr gibt. Für sie war dieses Wirtshaus in Weidach der Inbegriff von heimeliger Glückseligkeit.

»Komm, geh ma weiter, mir frieren die Füße ein.«

Ich musste Sonja jetzt aus ihren Tagträumen reißen, schließlich hatten wir heute noch einiges vor: Alster überqueren, ein bisschen Einkaufen am Rathausmarkt und dann runter zum Hafen aufs Feuerschiff, Bier trinken. Später wollten wir uns noch »Soul Kitchen« ansehen, den Film von Fatih Akin über ein Restaurant, wilde Jungs und viel Soulmusik – genau unser Ding.

»Weißt du, was ich wirklich machen wollen würde?«

Sonja sah mich ein bisschen unsicher von der Seite an.

»Eine Kneipe.«

»Ja«, sagte Sonja, »genau.«

Schon komisch: Sonja und eine Kneipe, das gehört zusammen wie, na, vielleicht Uli Hoeneß und Würschtl. Wie Wowereit und Prosecco. Oder Euro und Krise. Es lag einfach in der Luft, seit Monaten schon, wenn nicht seit

Jahren. Aber ausgesprochen hatten wir das bis zu diesem Moment noch nie. Das musste irgendwas mit dem Glühwein zu tun haben. Denn wenn schon im Wein die Wahrheit liegt, muss sie ja im Glühwein erst recht liegen. Der kommt schließlich – Wärme, Zucker, Alkohol – noch schneller im Hirn an. Das sollten mal Verliebte ausprobieren, bei denen ewig nichts vorwärtsgeht. Ein Becher Glühwein – schon klappt es mit dem Knutschen. Oder Paare, die sich seit Jahren trennen wollen. Glühwein, zack, Auszug.

Sonja blieb stehen.

»Ich mach das.«

Ich grinste.

»Ja. Ich weiß.«

»Nein, wirklich.«

Sonja sagte das so laut und bestimmt, als müsste sie mich davon überzeugen, dass sie es ernst meint. Oder die Eisstockmänner neben uns. Dabei gab es für mich daran ohnehin keinen Zweifel. Sonja würde eine Kneipe aufmachen.

Aber dann kam der Satz, der auch mein künftiges Leben verändern sollte. Sonja fragte: »Was ist mit dir?«

Dazu muss man sagen: Sonja ist nicht der Typ, der andere Menschen besonders gerne um Hilfe bittet. Ich glaube, sie hat mich überhaupt noch nie um etwas gebeten. Aber irgendwie hatten wir so eine Art Code entwickelt, und wenn der fiel, wussten wir, dass die andere gebraucht wird. Einmal zum Beispiel hatte Sonja so heftigen Liebeskummer, dass sie dachte, die Welt bricht über ihr zusammen. Sonja rief mich an – ich war gerade auf dem Weg zu einer Verabredung – und sagte: »Es ist Schluss.« Und: »Was ist mit dir?«

Ich drehte um und traf mich mit Sonja in der Hotelbar neben dem Hauptbahnhof.

Und einmal war ich plötzlich unheimlich nervös vor einem Auftritt mit meiner Band, Sonja hatte am nächsten Morgen eine Uniprüfung. Auf dem Weg in den Club ging ich bei ihr vorbei und sagte: »Ich geh jetzt los. Was ist mit dir?« Sonja packte ihre Bücher weg und jubelte mir einen Abend lang aus der ersten Reihe zu. Ja gut, da gab es nur eine Reihe Menschen, eine eher kleine, wenn man die Techniker und Barkeeper nicht mitzählt. Vielleicht bestand die Reihe auch nur aus Sonja und noch drei Freunden der Band. Aber egal, es war ein tolles Konzert.

Und jetzt hatte mich Sonja wieder gefragt: »Was ist mit dir?«

Ich stand wie festgefroren auf dem Eis und dachte darüber nach, was die Frage für mich bedeutete. Sonja ist meine beste Freundin. Eigentlich mehr – Sonja ist meine Familie. Es war klar: Wenn ich jetzt okay sage, würde auch ich Kneipen ansehen, Kosten planen, einrichten, putzen, streichen, einkaufen, Personal suchen, Kartoffeln schälen, Bier einschenken, Teller voll mit riesigen Salaten durch eine grölende Meute jonglieren, und das womöglich für die nächsten Jahre. Sonjas Traum würde dann irgendwie auch meiner werden.

Ich sah zum Rathausturm. Und dann Sonja in die Augen.

»Okay. Ich bin dabei.«

So standen wir nun auf dem Eis in Hamburg, mit Glühwein in der Hand, und grinsten uns an. Sonja würde eine Kneipe eröffnen, und ich würde mitmachen.

Den Rest des Tages bastelten wir in Gedanken an der Inneneinrichtung, entwarfen Gerichte, diskutierten über das beste Bier. Im Feuerschiff angekommen, inspizierten wir die Ausstattung, als würden wir schon für die neue Kneipe einkaufen.

»Solche Tische wären cool, oder?«

»Ja genau, solche Tische.«

Das Feuerschiff ist ein leuchtend rot lackiertes Schiff, das im Hamburger Hafen vor Anker liegt. Die Wirte hatten es zu einem urigen Pub ausgebaut, mit dunklen, schmalen Stühlen und Holztischen, die aussahen, als ob darauf schon einige Male getanzt worden wäre.

»Nur die Kellner sollten nicht so geschniegelt daherkommen.«

»Nein, die Hemden gehen gar nicht. Aber der Wein ist super.«

»Ja, der Wein ist super.«

Wir tranken und lachten viel, und bis zum nächsten Morgen hatte Sonjas Restaurant schon eröffnet. Also zumindest in unseren Köpfen.

Da war nur noch ein Problem: Sonjas Job bei der Unternehmensberatung. Sollte sie kündigen und sich gleich auf die Suche nach einer geeigneten Kneipe machen? Käme sie finanziell dann überhaupt bis zur Eröffnung über die Runden?

»Ich könnt ja vielleicht um meine Entlassung bitten«, sagte Sonja, »dann würde ich wenigstens eine Zeit lang Arbeitslosengeld kriegen.«

»Meinst, die machen das mit?«

Sonja zuckte mit den Schultern. Doch die Frage stellte sich dann gar nicht mehr.

Als Sonja am nächsten Abend wieder in München ankam, lag ein Zettel in ihrem Briefkasten. Sie sollte ein Einschreiben abholen. Sonja rief mich an, während sie zur Post lief.

»Maria! Ich glaub, ich hol grad meine Kündigung ab.«

»Ach Schmarrn. Wie kommst denn da drauf?«

»Ich glaub das einfach.«

»Nein, aber das gibt's doch gar nicht. Das wär ja jetzt fast Schicksal, oder?«

Ich lachte. Aber Sonja war nervös und wollte, dass ich sie ablenkte. Ich blieb also die ganze Zeit, während sie zur Post marschierte, an ihrem Ohr und erzählte von den Schneebergen vor meiner Wohnung und dass ein Hamburger Politiker als einzigen Weg seine eigene Wohnstraße hat räumen lassen und anderes belangloses Zeug. Plötzlich kratzte und rauschte es in meinem Ohr, ich hörte Sonja dumpf mit dem Postmenschen sprechen, dann wurde Papier aufgerissen.

»Und? Was ist es?«

»Die Kündigung.«

»Krass.«

Wir schwiegen. Dreißig lange Sekunden. Sicher, der Firma ging es schlecht, und die Kündigung war betriebsbedingt, so stand es jedenfalls im Brief. Aber Sonja ahnte schon, warum ausgerechnet sie jetzt dran glauben musste. Sie hatte sich einfach zu oft mit ihrem Chef gestritten. Aber trotzdem: War das jetzt echt wahr? Wir hatten in Hamburg so lange darüber gesprochen, wie sie aus der Misere herauskommt. Keine 24 Stunden zuvor hatte sich Sonja genau das gewünscht: gekündigt zu werden. Dass es nun tatsächlich genauso kam, machte uns aber doch fassungslos.

»Und jetzt?«, fragte ich.

»Jetzt geht's los.«

Hier geht nur Schnaps und Bier

Businesspläne sind schon eigenartige Veranstaltungen. Sicher ist es gescheit, sich erst einmal ein paar Gedanken über sein neues Geschäft zu machen, bevor man alle Leute zum Eröffnungsfest einlädt. Man kann sich ja nicht einfach in eine Garage stellen und ein Schild über die Einfahrt nageln »Hier gibt's bald was zu kaufen, was, weiß ich noch nicht so genau« und dann hoffen, dass die Banken an die Decke springen vor Glück und gleich den dicken Geldkoffer bringen. Das Problem ist nur: Wenn die Gründungswilligen anfangen, so einen Businessplan zu schreiben, haben sie meistens noch keine rechte Ahnung, was auf sie zukommt. Wie sollen sie auch wissen, wie viel Umsatz sie zum Beispiel mit Getränken machen werden, wenn noch kein einziger Gast je an der Bar gesessen hat. Wie viele Liter von dem guten Chardonnay werden die Leute im Monat trinken, wie viel vom Schweinebraten essen, in Kilogramm pro Tag, wie viele Knödel dazu, und was wird wohl bei alledem am Ende finanziell herumkommen?

Banken fahren nur leider unheimlich auf solche Businesspläne ab. Und jeder, der ein Geschäft aufmachen will, braucht eine Bank. Außer er erbt einen Haufen Geld – aber wer tut das schon? Obwohl, gerade in München sehen schon ein paar so aus. Sonja jedenfalls hatte nicht groß geerbt. Sie musste also erst einmal ausführlich aufdröseln, warum es neben dem 4073sten gastronomischen Betrieb in München jetzt auch noch den 4074sten braucht und wie diese Kneipe neben all den anderen überleben will. Also: Wie will Sonja mit ihren Einnahmen über die Runden kommen? Wie viele Leute sollen in der Küche stehen, wie viele Bier zapfen und wie viele es an die Tische tragen? Und vor allem: Wie viel sollen all diese Leute fürs Bier-an-die-Tische-Tragen und Bodenschrubben und Knödeldrehen kriegen? Wie viel kostet eigentlich ein Koch? Jungkoch, Chefkoch oder Küchenhilfe? Klar, Jungköche sind wahrscheinlich billiger, haben aber null Berufserfahrung. Küchenhilfen sind noch billiger. Ein Chefkoch plus Küchenhilfe könnte also günstiger sein als zwei Jungköche, die dann das Essen versauen. Mit anderen Worten: Bei Businessplänen ist Rechenkompetenz gefragt, und die drückt sich in Tabellen aus, logisch. Darum heißt es auch, man soll möglichst viele Tabellen in seinen Businessplan packen, damit es so aussieht, als habe man schon durchschaut, was einen alles erwartet.

Da Sonja Betriebswirtschaft studiert und als Unternehmensberaterin gearbeitet hatte, fiel ihr das Hantieren mit Exceltabellen nicht besonders schwer. Doch in diesem Businessplan sollte natürlich auch stehen, wie Sonja das Geschäft zum Laufen bringen will. Das sah etwa so aus:

4.1 Markteintrittsstrategie: Die gezielte Platzierung von Freunden und Bekannten im Lokal, um psychologische »Barrieren« abzubauen ...

»Das willst du nicht wirklich da reinschreiben, oder?«

Ich ließ mich in Sonjas Couch zurückfallen und lachte. Vor dem Fenster rauschte ein Roller vorbei. In München heißt das: Der Frühling ist da. Wir saßen in Sonjas kleiner Wohnung im Giesinger Getto, wie sie das nennt. Die umliegenden Häuser waren alles Wohnkomplexe in Schweinchenrosa oder Beige, die einzige Kneipe in der

Gegend hat Plastikstühle vor der Tür. Doch hier konnte sich Sonja zwei Zimmer leisten, die lagen zwar im Erdgeschoss, aber immerhin zwei Zimmer. Auf dem Münchner Wohnungsmarkt geht das schon fast als Luxus durch. Für mich hatte das einen entscheidenden Vorteil: Immer wenn ich auf Heimatbesuch war, konnte ich auf Sonjas blauer Couch im Wohnzimmer schlafen und musste nicht zu meiner Schwester unter den Küchentisch. Super. Wir saßen also auf meinem Dauerbett in München und blätterten durch Sonjas Businessplan.

»Klar schreib ich des so«, sagte sie. »Es ist wichtig zu vermitteln, dass ich auch einen Plan für die Anfangszeit hab. In ein leeres Lokal geht doch keiner rein. Da brauchts halt ein paar Statisten.«

Ich stellte mir vor, wie ich in Sonjas Kneipe an einem kleinen Holztisch sitze, vor mir ein dekoratives Bier und eine romantisch flackernde Kerze, und immer wenn die Tür aufgeht, esse ich einen Bissen von meinem Schweinebraten. Dabei mache ich ein unglaublich zufriedenes Gesicht und gebe hin und wieder ein geräuschvolles »Hmmmm« von mir. Wenn Sonja mal nicht herschaut, zwinkere ich heimlich einem anderen Bekannten von ihr zu, der ganz unauffällig am Nachbartisch herumsitzt. Plötzlich trifft mich ein Stück Knödel am Hals, weil unser Freund Thomas, der Lümmel, den Job mal wieder nicht ernst nimmt und mit der Gabel das Essen auf die anderen Schauspieler verteilt. Ich schieße natürlich zurück, und ...

»Hallo?! Können wir weitermachen?«

Sonja sah mich ein wenig ungeduldig an.

»Klar. Tschuldige.«

Ich versuchte, mich wieder zu konzentrieren, und beugte mich über den Stapel Papier auf Sonjas Couchtisch.

»Sag einfach nur, wenn du einen Fehler findest. Rechtschreibfehler, Sprachliches oder so was. Das reicht mir erst mal schon.«

Alles klar. Ich scannte die Blätter vor mir durch. Okay. Okay. Weiter. Okay.

Wir blätterten ziemlich schnell durch den Papierberg, denn wir hatten wenig Zeit. Wir mussten uns bald auf den Weg zu einer Lokalbesichtigung machen. Also nächste Seite. *Strategisches Geschäftsfeld.* Nächste Seite. *Zielgruppe. 25- bis 50-jährige Stadtteilbevölkerung, eher gehobene Einkommensschicht.*

Gehobene Einkommensschicht, also na ja. Aber klar, es wird wohl auch nicht ganz billig werden, es soll ja nur Biofleisch geben. Aber jetzt nicht nachfragen, weiter im Text.

»Okay?«

»Passt.«

Viel Ahnung habe ich von diesen BWLer-Dingen eigentlich nicht, aber ich versuchte mein Bestes. Soweit ich das beurteilen konnte, sah das alles auch ganz ordentlich aus. Gut, für mich hätte man vieles nicht so gestelzt formulieren müssen. Ob man es nun wirklich *kognitivoperierende Kommunikationspolitik* nennen muss, wenn man Flyer verteilen will? Na, ich weiß nicht. Aber letztlich ist dieser Businessplan ja nicht für mich, sondern für die Anzugträger von der Bank, und denen gefällt so was bestimmt.

Ganz fertig war der Businessplan noch nicht, aber immerhin hatte Sonja in den drei Monaten 22 Seiten beschrieben und mit Tabellen befüllt. Andere geben so etwas an der Uni ab und kriegen dafür einen Bachelor. Durch die Arbeit am Businessplan standen für Sonja ein paar Dinge schon fest: Es sollte ein bayerisches Lokal werden, aber Sonja wollte kein kitschiges Oktoberfest-Bayerisch, sondern urbayerische Wirtshauskultur und urbane Szenekneipe verschmelzen, so stand es im Businessplan. Es sollte eine Dorfwirtschaft in der Stadt werden. Sonja plante einen Laden mit etwa fünfzig Plätzen. So könnte sie die Arbeit mit einer Servicekraft und einem Koch für abends – am besten erst einmal ein Jungkoch – schaffen.

»Ist das nicht ein bisschen sportlich, mit nur einer Bedienung und einem Koch?«

Sonja seufzte.

»Tagsüber braucht's ja keinen Koch. Da können ich oder die Bedienung den Wurschtsalat selber herrichten. Es soll doch eh nur einfache Sachen geben. Jetzt lies mal weiter.«

Ja, ja, schon gut. Zack, zack. Nächster Punkt: *Produktpolitik*. Guter Wein, gutes Bier, ein paar Schnäpse, Säfte – fertig war Sonjas Getränkekarte. Sie wollte nur hochwertige Sachen in ihrem Laden anbieten, und nichts von dem, was sie verkauft, sollte vorher mit viel Sprit über den Erdball geflogen worden sein. Überhaupt wollte sie ihr ganzes Geschäft fair regeln, auch die Gehälter von Köchen und Servicekräften setzte sie über dem branchenüblichen Durchschnittslohn an. Das alles war ihr wichtig. Darum sollten auch die Schweine für den Schweinebraten vorher glücklich gewesen sein und aus der Gegend kommen, stand im Businessplan.

Ich grinste.

»Woran erkennt man auf dem Teller wohl, ob ein Schwein mal glücklich war – Lachfalten am Bratenrand?«

»Haha. Soll heißen: keine Massentierhaltung«, sagte Sonja, »so wie die Tiere vom Herrmannsdorfer.«

»Du willst Fleisch vom Herrmannsdorfer?«

»Wenn's geht, ja.«

Dazu muss man wissen: Die Herrmannsdorfer Landwerkstätten sind für die Münchner gerade das große Ding. Das ist ein Unternehmen in der Nähe von Sonjas Heimatdorf, das all seine Lebensmittel ökologisch produziert und auch die Tiere artgerecht hält. Der Gründer der Herrmannsdorfer Landwerkstätten ist ein Mann mit zerzausten grauen Haaren, einem breiten Hut und einer dicken Brille. Er war früher einmal Chef von Herta, einem der größten Fleisch verarbeitenden Betriebe in Europa. Doch dann kam der Sinneswandel, er verkaufte den Laden, kaufte das Gut in Herrmannsdorf, und heute müssen sich seine Schweine nicht mehr den ganzen Tag in einem engen Stall zusammenquetschen und sich gegenseitig die gestutzten Ringelschwänze abbeißen, sondern dürfen auf der Wiese im Kreis hopsen und sich hemmungslos in den Schlamm schmeißen. Weil auf der Wiese im Kreis hopsen und Schlammbaden ungefähr das ist, was sich der Mensch so unter Schweineglück vorstellt, sollten solche Schweine auch bei Sonja auf den Teller. Mit oder ohne Lachfalten.

Alles in allem fand ich Sonjas Vorhaben ziemlich gut und auch schon recht weit gediehen – bloß einen Namen für ihr Lokal wusste sie noch nicht. Dem Immobilienmakler, den wir gleich treffen wollten, war das aber egal. Immobilienmaklern ist es ja grundsätzlich eher wurscht, ob der Laden, den sie verschachern, gleich wieder pleitegeht. Hauptsache, man blättert ihnen bei Vertragsabschluss unverschämt viel Geld dafür hin, dass sie einmal den Schlüssel umgedreht haben.

Bayerisches Wirtshaus in Sendling stand in der Anzeige, *2500 Euro Pacht, keine Ablöse, voll ausgestattet.* Sendling war zwar nicht Sonjas Wunschviertel – nicht gerade voller Bewohner mit gehobenem Einkommen und auch sonst eher ein Glasscherbenviertel –, aber die Bedingungen klangen so weit super. Wir stiegen also auf Sonjas rote Piaggio und fuhren den Giesinger Berg hinunter nach Sendling.

»Hui.«

Ich schwang mich vom Roller.

»Das ist ja mal, na ja«, wie sollte man das jetzt zusammenfassen, »trostlos.«

Sonja hebelte mit einem Ruck ihr Gefährt auf den Ständer, zog den Helm runter und sah sich um. Die Kneipe war in einem gelbbraunen Plattenbau, rundherum auch nur Plattenbauten, wahlweise grau, gelblich braun oder dahinten, vielleicht – nein, auch grau. Die Straße entlang gab es außer dieser Kneipe sonst nichts, kein Geschäft, keinen Kiosk oder sonst irgendetwas in der Art. Es liefen auch nicht besonders viele Menschen auf der Straße herum, noch nicht einmal der Immobilienmakler war irgendwo zu sehen.

Sonja schaute sich um, zog die Augenbrauen nach oben und seufzte leise.

»Jetzt sind wir schon mal da, jetzt schau mas uns auch an«, sagte sie.

Wir gingen zu dem Laden und versuchten, durch die grauen Rollläden zu luken. Wir sahen aber gar nichts, also lehnten wir uns an die gelbbraune Wand und warteten auf den Makler.

Ein Typ mit einer Ottfried-Fischer-Figur zockelte laut schnaufend die Straße herunter. Er war vielleicht Mitte fünfzig, mit grauen Schläfen und einer Lederjacke, als wäre er direkt aus dem Easy-Rider-Film herausgerollt. Vor Sonja blieb er stehen.

»Sind Sie Frau Obermeier?«

Hui. Das war also der Makler? Interessant. Ich dachte

immer, Makler kämen im Armani-Anzug an, mit glänzenden Schuhen und einer ledernen Aktentasche. Ich schüttelte dem Makler, noch ein wenig staunend, die Hand, dann waltete er seines Amtes und steckte den Schlüssel ins Schloss. Der Mann roch nach einer Mischung aus kaltem Rauch und etwas Jägermeister-Mäßigem, so, als würde er sich mit Kneipen ziemlich gut auskennen. Ich war mir nicht sicher, ob das ein gutes Zeichen ist.

Er schob die Tür auf, und dann kam die große Überraschung: Die Kneipe sah gar nicht so schlecht aus. Sie hatte einen guten Schnitt, eher länglich, die Größe schien mir okay, vielleicht sechzig Sitzplätze, und so ziemlich alles war aus dunklem Holz geschnitzt: Boden, Tische, die lange Bar und sogar das hübsch geschnörkelte Gläserregal dahinter. Die Wand war wie in einer klassischen bayerischen Wirtschaft mit Holz verkleidet, aber auch das sah recht ordentlich aus. Die Fenster waren zwar ein wenig klein, sodass der Raum ziemlich dunkel wirkte, die schwarze gummiartige Stoffhülle um die Eingangstür hatte ein bisschen was von einem Puff, und auch die vier Spielautomaten in der Ecke machten einen eher zwielichtigen Eindruck, aber das könnte man schon entsprechend umbauen, dachte ich.

Der Lederjackenmakler wuchtete sich auf einen Barhocker, zündete eine Kippe an und beobachtete ziemlich eindringlich, wie Sonja und ich durch den Raum wanderten.

»Und die Küche?«, fragte ich.

»Die is da hinten links. Aber die werds ihr ned brauchen«, brummte der Easy Rider. »Das Einzige, was in der Gegend geht, ist Schnaps und Bier.«

»Ah.«

Ich sah Sonja an. Sie kämpfte schwer damit, nicht laut

loszulachen. Man könnte hier zwar gleich ganz auf den Koch verzichten, aber neben den Vollalkoholikern wollte Sonja, glaube ich, auch ein paar andere Gäste bedienen.

Der Easy Rider hievte seinen Körper wieder vom Barhocker und warf die Kippe ins Waschbecken hinter der Bar. Er holte tief Luft, röchelte, bückte sich langsam zum Boden, hob das Stromkabel der Spielautomaten auf und schob es in die Steckdose an der Wand. Mit einem Rumms blinkte und lärmte es im Raum, dass ich dachte, jetzt ist das Oktoberfest ausgebrochen.

»Die bringen auch noch a bisserl was.«

Der Makler deutete auf eine der bunten Anzeigen und wollte wohl gerade ansetzen, uns etwas zu den Funktionen zu erklären, als Sonja ihn unterbrach.

»Die würd ich eh rausmachen«, versuchte Sonja gegen den Lärm anzubrüllen.

»Na, na.«

Der Makler schüttelte den Kopf. Dabei hob er den Zeigefinger und wedelte mit ihm vor Sonjas Gesicht herum. Das wirkte fast schon drohend.

»Die bleim drin. Keine Automaten, kein Laden.«

Jetzt verschränkte er ganz demonstrativ die Arme und lehnte sich an einen der Kästen. Das war so einer, wo man oben Münzen einwirft, dann einen Knopf drückt und hofft, dass drei Bananen in einer Reihe auftauchen. Ein völliger Blödsinn, der nur dafür da ist, den Leuten möglichst viel von ihrem spärlichen Lohn abzuluchsen.

Angelehnt an den Kasten, hielt uns der Makler einen gefühlt halbstündigen Monolog darüber, wie erfolgreich diese Dinger Geld schlucken und wann genau er immer kommen will, um all die Münzen abzuholen. Irgendwann dazwischen wurde mir klar: Der Makler war gar kein echter Schlüsselumdreher. Er war eigentlich der Betreiber dieser Blinkekästen. Er hatte dieses Lokal und offensichtlich noch einige andere gepachtet, seine Geräte reingeschoben, und seitdem vermietet er sie an Wirte.

Wenn Sonja diesen Laden also wirklich mieten wollte, müsste sie die Automaten laufen lassen.

Vielleicht könnte man dann gleich noch einen Blackjacktisch an die Wand daneben schieben und die Tische zu Pokertischen umbauen. In der Küche, die man eh nicht bräuchte, könnten die richtigen Pokerspiele steigen, illegal natürlich, 1000 Euro Mindesteinsatz, und vielleicht gäbe es noch irgendwo eine Rouletteecke, in der ich künftig die Kugeln einwerfen dürfte. Letzter Einsatz jetzt. Nichts geht mehr. Ob wir in dem Fall wohl auch unsere Freunde anheuern und vor die Bananen-Automaten drapieren müssten, damit alles recht voll wirkt?

»Ich denk drüber nach.«

Sonja drehte sich abrupt um und ging entschlossen Richtung Tür. Sie konnte sich den Sums wohl nicht länger anhören.

»Das erste halbe Jahr ist übrigens pachtfrei«, rief uns der Automatenmakler noch hinterher, aber da waren wir schon fast durch die schwarze Gummiwand entkommen.

»Ja ja. Servus.«

Wir schlüpften ins Tageslicht.

»Baa«, sagte ich, »das gibt's doch gar nicht. Wirte zu Spielautomaten zwingen. Was ist das denn?«

Sonja grinste nur. Sie erzählte mir, dass solche Methoden gar nicht selten seien. In München würden vor allem Brauereien diese Masche fahren. Denen gehören entweder die Häuser selbst, oder sie schließen Verträge mit den Hausbesitzern ab, pachten die Kneipen, verpachten sie an die Wirte weiter, und die dürfen dann nur noch das Bier dieser Brauerei ausschenken, und draußen hängt das

Brauereischild wie ein Stempel. Darum wollte Sonja am liebsten eine Kneipe frei von allen Verträgen.

Am selben Abend schauten wir uns auf die Schnelle noch einen anderen Laden an. Der lag im Westend, nicht weit weg von der Wohnung meiner Schwester. Dort wohnen zwar auch nicht gerade die Menschen, die sich täglich Fleisch vom Herrmannsdorfer leisten können – aber wir wollten auch dieser Gegend eine Chance geben. Außerdem hatte einer von Sonjas vielen Maklern gerade angerufen und ihr den Tipp gegeben, dass der Laden bald frei würde. »Essts da doch einfach was, und schauts euch mal unauffällig um«, hatte er gesagt.

Gegessen haben wir aber lieber nichts. Denn als wir dort die Tür aufmachten, wehte uns eine Rauchschwade entgegen, die uns ziemlich den Appetit verdarb. Ein paar Männer hingen am Tresen vor gefüllten Biergläsern und sorgten mit ihren qualmenden Kippen dafür, dass die gelben Wände noch ein wenig mehr vergilbten. Der Typ hinter der Bar sah uns an, als wären wir die ersten Frauen, die er seit zwanzig Jahren zu Gesicht kriegt, die Biertrinker stierten hingegen vollkommen ungerührt auf ihre Gläser, und aus den Boxen brüllte DJ Ötzi: »Ein Stern, der deinen Namen trägt, hoch am Himmelszelt, den schenk ich dir heut Nacht …«

Wir sahen uns kurz um, uns an und schlichen wortlos wieder nach draußen. Dass Sonja dann ausgerechnet in diesem Laden fast ihre Kneipe eröffnet hätte, hätte ich mir in dem Moment bestimmt nicht gedacht.

Umwege erhöhen die Ortskenntnis

In den nächsten Tagen sahen wir kaum brauchbare Anzeigen, und wir begannen, mühselig durch die Viertel zu streifen, um in leer stehenden Kneipen Zettel zu hinterlassen. Doch irgendwann verlor Sonja einfach die Geduld. Bei einer dieser Touren – ich mühte mich gerade damit ab, einen gefalteten DIN-A4-Zettel zwischen Türritze und Boden zu quetschen – stand sie plötzlich auf und sagte:

»Lass gut sein, Maria, das bringt doch alles nix. Das wird nie was.«

Ich zog den Zettel zurück, wir kauften im Kiosk nebenan zwei Flaschen Bier, setzten uns auf den Bordstein vor die leere Kneipe und starrten in die Luft.

»Doch Sonja. Das wird schon.«

Am Abend fuhr ich zurück nach Berlin, um dort meinen neuen Job anzufangen. Leicht fiel mir das nicht. Irgendwie kam es mir vor, als würde ich Sonja im Stich lassen, wo ich doch versprochen hatte, ihr zu helfen. Aber ich musste schließlich auch Geld verdienen, und mein Arbeitsplatz war jetzt nun mal in Berlin. Doch es würde schon gehen, sagte ich mir. Schließlich gibt es Züge, die Mitfahrzentrale, E-Mails und das Telefon.

Sonja berappelte sich bald wieder und lief weiter von Besichtigung zu Besichtigung. Sie sah sich bestimmt noch an die dreißig Kneipen an. Manche hatten eine utopisch hohe Pacht, bei einer anderen wollten die Vorbesitzer viel zu viel Ablöse: 100.000 Euro für ein paar Stühle und eine heruntergekommene Theke – nicht verhandelbar. Eine Kneipe lag direkt an einer zweispurigen Schnellstraße, eine andere mitten im noblen Teil der Fußgängerzone – auch nicht Sonjas Ding –, und die nächste war einfach schon zu perfekt eingerichtet, mit einer glänzenden Schankanlage, Stühlen mit Lederbezügen, dunklen Möbeln, einer freigelegten Backsteinmauer, alles ganz neu und renoviert. Für Sonja sah das aus wie eine von diesen Lounges, die es überall in den Kleinstädten gibt. Da passte zwar alles zusammen, fand sie, aber es wirkte irgendwie so, na ja, stillos.

Kurz gesagt: Irgendwas war immer.

»Du, dieser Laden da im Westend, weißt schon. Die reißen alles raus«, sagte Sonja ein paar Wochen später. Sie klang ziemlich aufgeregt. Bei Sonja merkt man das immer ganz leicht daran, dass sie unheimlich laut ins Telefon spricht.

»Die vergilbte Bude?«

»Ja. Aber die könnt doch was sein, wenn man da gescheit renoviert.«

Ich wechselte den Hörer ans andere Ohr.

»Hmmmm. Wenn du meinst …«

So sicher war ich mir da nicht, doch ich wollte Sonja nicht die Laune verderben.

Sonja traf sich mit dem Makler und den Besitzern, sah sich die Spelunke noch einmal an – und sagte zu. Ich glaube, Sonja wollte nach dem endlosen Kneipenmarathon einfach etwas gefunden haben. Sie musste auch langsam anfangen: Bald würde sie kein Arbeitslosengeld mehr bekommen, und auf Hartz IV wollte Sonja auf keinen Fall fallen, das Geld war so schon knapp genug. Außerdem reizte sie an der Westender Kneipe noch etwas anderes: Der Laden hatte keinen Brauereivertrag. Also würde Sonja zwar mehr Geld für die Einrichtung hinlegen müssen, könnte dann aber an Bier verkaufen, was sie wollte. Das würde langfristig auch Geld sparen, weil Wirte mit Brauereivertrag das Bier von ihrer Brauerei meistens sehr teuer einkaufen müssen, oft blechen sie sogar deutlich mehr als für dasselbe Bier im Supermarkt. Außerdem müssen sie eine bestimmte Menge Bier im Jahr abnehmen, sonst zahlen sie Strafe, und diese Mengen sind meist nicht wenig.

Eine Kneipe ohne so einen Vertrag ist in München schon eine Seltenheit: Von allen Locations, die Sonja von diversen Immobilienmaklern angeboten wurden, waren rund drei Viertel mit Brauereivertrag. Manche Leute sagen auch: München gehört den Brauereien.

Sonja war also Feuer und Flamme. Sie wollte diese Kneipe haben.

Gescheitert ist dann alles an einem Fettabscheider. Das sind Geräte, die in Restaurantküchen das Spülwasser filtern, also vom dreckigen Fett und Öl befreien, bevor es in die Kanalisation fließt. Gaststätten, in denen mit Fett gekocht wird, müssen so etwas haben. Und mal ehrlich: Wer will schon in einem Lokal essen, in dem ohne Fett gekocht wird? Höchstens ein paar halb verhungerte Societybräute, die ihren Salat immer ohne Dressing bestellen.

Der Fettabscheider für die Westender Kneipe kostete 10.000 Euro, und die Frau vom Besitzer wollte partout, dass Sonja die Hälfte davon bezahlt. Aber Sonja wollte das nicht. Sie dachte einfach, dass das zur Grundausstattung eines Lokals gehört und darum der Vermieter bezahlen muss. Das fand eigentlich auch ihr Makler – nur die Frau vom Besitzer nicht.

»Die Alte macht mich wahnsinnig!«

Sonja donnerte nun fast schon durchs Telefon.

»Bitte wer?«

»Die Besitzerin.«

»Ah. Was will sie denn schon wieder?«

»Geld will sie. Zu viel Geld.«

Sonja schimpfte, ich verstand nur wenig. Aber ich konnte mir den Rest schon denken. Ich hatte diese Besitzerin selbst einmal miterlebt. Das war eine, die sich bestimmt noch nie den Kopf über einen Businessplan zerbrochen hat. Eine Tussi mit roter Dauerwelle, pinkfarbenem Lippenstift, um die fünfzig, mit Hündchen im Arm. Der Mann von der Hündchenfrau war einer dieser Promianwälte mit dickem Haus in Grünwald und Büro in der Brienner Straße, ganz nobel, und ihr Job war es, sich ein bisschen um seine Immobilien zu kümmern. Mit Sonja erfolgreich um die 10.000 Euro gefeilscht zu haben wäre sicher eine hübsche Anekdote fürs sonst so schweigsame Abendessen gewesen.

Mir ging die Tussi schon von Anfang an auf die Nerven. Immer wollte sie Sonja in ihr Geschäft reinreden.

»Nur Biofleisch, glauben Sie's mir, das will kein Mensch«, sagte sie, als wir uns zum ersten Mal in dem Laden trafen.

Und: »Wie jetzt, Sie wollen nicht immer im Restaurant sein? Nein, das geht nicht. Sie müssen schon jeden Tag kommen. Man kann seinen Mitarbeitern nicht vertrauen, glauben Sie mir das.«

Sonja versuchte ihr zu erklären, dass sie nicht sieben Tage die Woche 14 Stunden in der Kneipe stehen könne, weil sie schließlich auch Buchhaltung und andere Dinge erledigen müsse, und überhaupt würde man da schon gute Leute finden. Aber nachdem die Dauerwelle immer weitere Weisheiten auspackte, gab Sonja irgendwann auf und schwieg.

»Die hat auch zu wenig zu tun, ey«, schnaufte ich beim Rausgehen.

»Ah, ist mir wurscht jetzt. Ich brauch mich doch vor der nicht zu rechtfertigen.«

Wir verließen die Kneipe im Westend und gingen die Straße hinunter in ein kleines Café. Der Makler war auch dabei, ein ganz netter Typ diesmal, der ein bisschen was von Biologielehrer hatte, mit Cordhose, Birkenstocks und Vollbart. Wir setzten uns hin, bestellten Kaffee und blätterten durch den dreißigseitigen Vertrag.

Da standen ein paar krasse Sachen drin: Zum Beispiel, dass Sonja niemals Livemusik machen dürfe und auch keine Veranstaltungen. Generell wäre die Musik nur auf Zimmerlautstärke erlaubt, und die Gäste sollten nur flüstern, wenn sie vor dem Lokal rauchen.

»So kann ich vielleicht ein Yogastudio betreiben, aber doch kein Lokal«, sagte Sonja zermürbt.

»Ach, Frau Obermeier«, sagte der Makler beschwichtigend, »darüber würde ich mir keine Gedanken machen. Die Klausel erklärt Ihnen jedes Gericht für nichtig. Nicken Sie also bloß, und gut ist die Sache.«

Sonja nickte bei so einigem, nur nicht bei der Sache mit dem Fettabscheider.

Als sich alle eine Woche später zum Vertragsabschluss in dem noblen Anwaltsbüro trafen, hatte Sonja sich mit allen Punkten aus dem Vertrag abgefunden – nur nicht damit, den Fettabscheider bezahlen zu müssen. Sie wollte, dass die Hündchenfrau ihr wenigstens in diesem einzigen Punkt entgegenkommt. Doch die fing stattdessen an, hysterisch herumzubrüllen, und beschimpfte Sonja als Halsabschneiderin. Sonja stand auf, verließ den Raum – und suchte sich einen Job.

Sie fand ihn im Alpenhof, einem italienischen Restaurant direkt unter unserer alten WG. Früher haben wir dort mindestens zweimal die Woche Pizza geholt, mit Gorgonzola und Rucola, uns damit auf unseren Balkon gesetzt und die hübschen Architekten beobachtet, die durch den Innenhof gegenüber in ihr Büro liefen. Fast fünf Jahre lang haben wir in dieser Wohnung gewohnt: Sonja, ich, Matt und Tom. Wir kannten uns alle schon eine Weile vom Weggehen aus der Muffathalle. Dort gab es früher jeden Donnerstag eine Clubnacht, in der Hip-Hop, Funk und Soul lief. Da waren wir vier fast jede Woche. Irgendwann zogen wir zusammen in eine WG, und weil unsere Wohnung in der Tegernseer Landstraße lag, bastelten wir uns T-Shirts mit unseren Köpfen drauf und nannten uns TeLaSoul, wegen der Band DeLaSoul. Das mit dem T-Shirt-Fabrizieren hat Matt dann später zu seinem Beruf gemacht.

Der Alpenhof hatte mittlerweile einen neuen Besitzer. Der hatte alles renoviert und das Lokal zu einer gemütlichen Osteria umgebaut, mit Vorspeisenvitrine und Weinregal und solchen Dingen. Den Namen Alpenhof behielt er aber.

Jetzt war ich also wieder oft im Alpenhof, bloß saß ich nun an der Bar, am liebsten bei einem Campari Soda, und Sonja stand dahinter, in schicker weißer Bluse und weinroter Kellnerschürze, und schenkte Weißwein in ein Glas.

»Ich weiß einfach nicht, ob ich überhaupt jemals das Richtige finde. Vielleicht such ich mir einfach wieder was als Unternehmensberaterin. Dann hab ich wenigstens wieder Geld ...«

Sie sah mich kurz an, irgendwie entmutigt, stellte dann die Flasche Weißwein zurück ins Kühlfach, das Glas auf ein Tablett und lief an mir vorbei zu einem Pärchen, das gerade ganz verliebt auf dem Tisch Händchen hielt. Es war wieder Winter geworden, Weihnachten 2010, ich war zu meiner Familie nach Niederbayern gefahren und dann natürlich zu Sonja, um am Tresen im Alpenhof abzuhängen.

»Doch, Sonja«, sagte ich, als sie wieder hinter der Theke stand, »du suchst ja erst ein Jahr. Nicht einmal. Andere brauchen noch viel länger, um den richtigen Laden zu finden. Und bisher war halt einfach nur Schmarrn dabei.«

Sonja stützte die Hände auf die Bar und sah mich ungläubig an.

»Ich weiß nicht recht.«

Wir schwiegen, ich nippte von meinem Campari Soda.

Letztlich war es dann ein Gast aus dem Alpenhof, der Sonja den entscheidenden Tipp gab. Das heißt, Gast ist vielleicht nicht der richtige Ausdruck. Es war einer von denen, der selbst eine kleine Kneipe hatte, ein paar Straßen vom Alpenhof entfernt. Er kam oft zum Essen, dafür saß die Belegschaft vom Alpenhof nach Feierabend bei ihm an der Bar. Das ist häufig so in der Gastroszene: Der eine isst bei dem, dafür säuft der wieder bei dem anderen. So kennen sich irgendwann alle Gastroleute aus einem Viertel untereinander. Dieser Kneipengast jedenfalls erzählte Sonja eines Abends nach ein paar Bieren von einem Laden, der bald frei würde und vielleicht was für sie sein könnte. Wir sahen uns die Kneipe an: Sie war nichts. Aber auch überhaupt nichts. Doch bei dieser Besichtigung kam Sonja mit dem Vermieter ins Gespräch, einem Mann von einer Brauerei – Löwenbräu –, und der wiederum erzählte von noch drei Restaurants, die bald zu haben sein könnten.

Es hilft wahrscheinlich nichts, dachte Sonja, ich muss wohl auch Läden mit Brauereivertrag in Betracht ziehen, sonst werde ich nie eine Kneipe eröffnen.

Wir fuhren also mit dem Fahrrad die Adressen ab. Die erste war in Haidhausen, dem alten Künstlerviertel von München mit hübschen bunten Altbauten und vielen kleinen Geschäften. Hier wohnten Menschen, die sich ein bisschen teureres Essen wahrscheinlich würden leisten können. Wir blieben vor einem alten Eckhaus aus der Jahrhundertwende stehen. Im Erdgeschoss war ein bulgarisches Restaurant mit dunklen Fenstern und leuchtend blauen Markisen. Im Sommer könnte man dort bestimmt schön draußen sitzen. Auf der anderen Seite der Straße stand eine Kirche mit Zwiebelturm. Wirtshaus und Kirche, passt, fand Sonja, wie in einem Dorf. Die Straße hinunter entdeckten wir ein paar Geschäfte, Klamottenläden, eine kleine Buchhandlung und eine Boutique für Kinderspielsachen. Das könnte viel Laufkundschaft geben. Alles hier wirkte schön und heimelig.

Ja, dachte sie, das könnte klappen …

Jetzt muss Geld her

Als wir eine Weile vor dem alten Bulgaren standen und schauten, wurde Sonja immer klarer: Der Laden muss her. Irgendwann fuhren wir heim, Sonja rief bei der Brauerei an und vereinbarte einen Termin zur Besichtigung. Zwei Tage später stand sie schon im Lokal und war erst einmal völlig baff, denn sie hatte einen 60-jährigen, übergewichtigen Typen mit Vollbart und Tirolerhut erwartet, am Telefon hatte der Mann von der Brauerei nämlich so geklungen mit seinem tiefen bayerischen Dialekt und …

»Ja, jetzt, wie hat's da ausgschaut?«, unterbrach ich Sonja bei ihren Ausschweifungen. Mir war das nämlich gerade wurscht, ob der Typ einen Hut aufhatte oder einen Bikini, ich wollte etwas über die Kneipe hören.

»Is ja gut.«

Sonja lachte noch ein bisschen über ihre Fehleinschätzung. Wir saßen vor dem Alpenhof in der ersten Frühlingssonne und tranken Campari Soda. Schräg hinter Sonjas Rücken plätscherte der Rinnsalbrunnen am Edelweißplatz. Das ist aber auch der dümmste Brunnen, den man sich vorstellen kann. Auf einer Seite des kleinen Platzes mit dem Kopfsteinpflaster hat die Stadt einen Betonklotz hingeklatscht, aus dessen Mitte ein Wasserhahn herausragt, und der lässt ständig Wasser in eine Art gemauertes Bachbett laufen. Eigentlich schwemmt er vor allem Dreck und Joghurtbecher von A nach B. Daneben haben sie zwei abgeschnittene, kahle Baumstümpfe hingestellt, die auch nicht übermäßig dekorativ aussehen. Aber vielleicht ist das Ganze ja ein Kunstwerk, das auf die weltweite Wasserverschwendung aufmerksam machen soll – und zwar dadurch, dass es viel Wasser verschwendet. Jedenfalls schaltet die Stadt den Brunnen über den Winter immer ab, und im Frühjahr darf er wieder. Nun tröpfelte also der Hahn eifrig dahin, und Sonja hatte noch eine Viertelstunde bis Dienstbeginn.

»Eigentlich war das eine ziemliche Baustelle«, erzählte sie endlich weiter. Der Besitzer des bulgarischen Restaurants war schon länger raus, wie Sonja von dem Brauereimenschen erfuhr, der übrigens schlank war und um die vierzig und Business-Outfit trug. Jetzt lag im Laden überall Gerümpel, Holzlatten stapelten sich, alte, kaputte Stühle standen verteilt im Raum, die Theke war ramponiert, die Küche wirkte verschimmelt.

»Also wieder nix oder wie?«

»Doch, schon«, sagte Sonja. »Die wollen da alles renovieren.«

Dem Brauereimenschen war bei der Besichtigung das Chaos wohl peinlich gewesen, denn er entschuldigte sich immer wieder und erzählte, was sie alles zu renovieren gedachten. Die ganze Küche sollte neu gemacht werden, der Parkettboden abgeschliffen, Wasser- und Stromleitungen neu verlegt. Die Holzverkleidung würde Sonja sowieso streichen wollen.

Sonja hatte ihren Businessplan zu dem Termin mitgebracht, gekürzt auf zwei Seiten. Sie überreichte ihn dem Brauereimenschen und erzählte, was sie vorhatte. Der nickte, sagte »aha« und »m-hm«. Sonja sah sich noch ein wenig in dem Laden um, sagte dann, sie denke einmal darüber nach, und ging nach Hause.

»Du hast ihm nicht gesagt, dass du interessiert bist?«

»Nein.«

Sonja grinste.

»Ich wollte nicht den Eindruck erwecken, dass ich den Laden unbedingt will. So ein bisschen aus strategischen Gründen.«

»Damit du später besser verhandeln kannst, oder wie?«

»So ungefähr. Aber ich will den Laden, unbedingt. Das isser. Ich bin mir da einfach sicher.«

»M-hm«, sagte ich. »Und wie geht's jetzt weiter?«

»Jetzt schaun wir uns alle das Lokal noch mal gemeinsam an, und zwar morgen.«

Sonja hatte nämlich gerade den Brauereimenschen angerufen und gesagt, sie sei schon interessiert, würde das alles aber gerne noch mir und ihren Eltern zeigen, weil Familienbetrieb und überhaupt. Da war ich schon ein wenig gerührt. Familienbetrieb, und ich dabei. Ich nippte von meinem Campari Soda und lächelte den Wasserhahnbrunnen an.

»Sonja, machen wir Übergabe?«

Der Tageskellner stand an unserem Tisch und sah uns ungeduldig an.

»Ja, ich komm rein.«

Sonja trank ihren Campari Soda leer und stand auf.

»Ich geh auch gleich«, sagte ich.

»Alles klar, dann morgen um zwei?«

»Jawoll, um zwei.«

Am nächsten Tag standen wir also alle in dem Chaos: Sonja, ich, der Brauereimensch, Sonjas Papa Werner und ihre Mama Anna, die frühere Klinglwirtin. Wir gingen ein wenig unsicher umher, ich inspizierte die Theke, Werner die Fensterrahmen. Der Laden war viel größer, als Sonja es ursprünglich geplant hatte: In den Gastraum passten vielleicht achtzig Leute, und draußen gab es noch einmal Platz für fünfzig Gäste. Sonjas Mama schien vor allem diese Größe zu verunsichern. Sie stand zwischen den kaputten Stühlen, guckte über den Rand ihrer Brille durch den Raum, die Stirn in Falten, die Hände über Kreuz. Dann ging sie zum Brauereimenschen und fragte leise: »Meinen Sie denn, dass des gehn könnt?«

»Ja, schon«, sagte der. »Wenn Ihre Tochter des macht.«
»Hm.«

So richtig überzeugt schien Anna nicht. Ich glaube, die Idee, dass ihre Tochter jetzt auch ein Wirtshaus aufmacht, hat ihr schon gefallen. Aber Anna weiß auch ganz genau, was für ein Haufen Arbeit das ist. Wie schwierig es ist, dabei zu überleben.

Doch immerhin: Was der Brauereimensch da gesagt hatte, klang so, als wolle er tatsächlich Sonja den Laden geben – und das, obwohl es offenbar noch vier andere Bewerber gab, wie er vorhin noch ausführlich erzählt hatte: ein Italiener mit Holzofenpizza, zwei Asiaten, ein Grieche. Der Italiener besaß schon drei Restaurants und hätte sofort unterschrieben und die Pacht bezahlt und alles.

Aber anscheinend gefiel dem Brauereimenschen die Idee von einem modernen bayerischen Wirtshaus mit gscheitem Essen und alldem. Und außerdem: Er war ja schließlich von einer Brauerei, und Brauereien wollen normalerweise vor allen Dingen viel Bier verkaufen. Das würden sie mit einem bayerischen Restaurant sicher eher als mit einem Italiener.

Wir stapften noch eine Weile umher, sahen uns um, schließlich sagten wir alle höflich Servus, schüttelten Hände, dann gingen Sonja, ihre Eltern und ich die Balanstraße hinunter in Richtung S-Bahn. Auf dem Weg unterhielten wir uns über das Lokal: Werner mochte den Boden ganz gerne, ich die große Theke, Sonja war Fan von der Fensterfront. Anna sagte die ganze Zeit über gar nichts. Sie presste die Lippen aufeinander und sah geradeaus. Als die S-Bahn einfuhr, drehte Anna sich zu Sonja um und fragte: »Traust du dir das zu?«

Sonja klammerte sich ein bisschen fester an ihre Handtasche.

»Schon. Ja.«

Anna seufzte.

»Also gut dann.«

Sonjas Eltern stiegen in die S-Bahn, die Tür ging zu, der Zug fuhr los, und wir lächelten uns an. Denn was Sonjas Mama damit gesagt hatte, war: Dann überschreiben wir dir jetzt das Grundstück. Es war nämlich so: Die Wiese neben dem alten Klinglwirt gehörte noch immer Sonjas Mutter. Sie war um die 120.000 Euro wert, weil Baugrund. Verkaufen wollte Anna das Grundstück auf keinen Fall. Es ist zwar nur eine Wiese mit einem alten Stadl darauf – schräge Hanglage, direkt an einem kleinen Waldstück –, aber für Anna ist es schon schmerzhaft genug, dass der Klinglwirt nicht mehr der Familie gehört. Das Grundstück ist für sie so etwas wie das letzte Stück Erinnerung.

Doch Sonja brauchte dieses Grundstück jetzt als Sicherheit, um einen Kredit bei der Bank zu bekommen. Sie hatte nämlich schon durchgerechnet: 17.000 Euro würde sie für die Mietkaution zahlen müssen, etwa 5000 Euro für Kasse, Geschirr, Gläser, Besteck, Bar- und Bürozeug, und 18.000 Euro würde sie für die Küchenausstattung brauchen – Spülmaschine, Kühlschränke, Regale, Töpfe und so weiter –, wenn sie es schaffte, das meiste irgendwo gebraucht aufzutreiben. Dann noch 5000 Euro für den Ersteinkauf an Waren, und noch einmal so viel für Maler, Elektriker, Eröffnungswerbung, Kosten für den Gründungseintrag und die

Homepage. Mindestens 20.000 Euro wollte sie dazu als Sicherheit für die erste Zeit haben, in der es womöglich noch nicht so gut läuft. Alles in allem: Sonja musste 70.000 Euro aufstellen, und zwar fix.

Am nächsten Tag gingen wir ins Löwenbräubüro, um alles festzumachen. Das Büro ist in einem gelblichen Gebäude mitten auf dem Brauereigelände, und das ist in bester Münchner Lage, direkt am Hauptbahnhof. Da fragt man sich natürlich, warum die ihr Bier nicht im Umland brauen, irgendwo bei Dachau oder Ottobrunn, das wäre bestimmt viel billiger und wahrscheinlich auch praktischer, schon wegen des ganzen Betriebs mit den Bierlastwagen. Doch in München gibt es ein Gesetz, das besagt: Nur wer innerhalb der Stadtgrenze braut, darf auf dem Oktoberfest Bier ausschenken, und dort fließt ja bekanntlich nicht wenig Bier. Insgesamt haben die Münchner Brauereien allein im Jahr 2012 fast sieben Millionen Liter Bier auf der Wiesn verkauft. Damals kostete die Maß durchschnittlich rund 9,40 Euro. Nach Adam Riese bedeutet das für die Brauereien einen Umsatz von fast 66 Millionen Euro in nicht einmal drei Wochen Oktoberfest, und das lohnt sich für die Brauereien offenbar so sehr, dass sie den Teufel tun und die Innenstadt verlassen werden.

Für Sonja und mich war das natürlich praktisch, weil nah. Wir liefen vom Hauptbahnhof aus zum Brauereigelände, durch die rot-weiße Schranke, vorbei an riesigen Gabelstaplern, meterhohen Bierkästentürmen und silbernen Fässern zum Bürogebäude. Rein in den Aufzug, Klopfen, Händeschütteln, und schon saßen wir in einem kleinen Besprechungsraum auf zwei gepolsterten braunen Stühlen mit Armlehnen – wir auf der einen Seite vom grauen Tisch, der Brauereimensch auf der anderen.

Ich schaute aus dem Fenster. Unten auf dem Hof krochen

bunte Bierlaster mit haufenweise Bier vorbei, Menschen wuselten ganz geschäftig herum – von hier oben sahen sie fast schon niedlich aus, wie Playmobil-Figuren. Trotzdem war es bestimmt kein Spaß, hier zu arbeiten: Auf dem ganzen Gelände roch es malzig süß und irgendwie nach verschüttetem Bier, sogar hier im Büro. Im Hochsommer ist man von dem Geruch bestimmt schon in der Früh besoffen. Na, obwohl, vielleicht ist das Arbeiten hier doch ein Spaß.

»Wie isn des noch mal so grundsätzlich«, fragte Sonja. »Wenn ich jetzt will, krieg ich den Laden dann auch?«

Der Brauereimensch lächelte.

»Sonst dad ma jetzt hier ned sitzen.«

»Gut. Und wie schaut der Vertrag aus, was heißt das für mich?«

»Aiso.«

Unser Gegenüber verschränkte die Arme und lehnte sich in den Stuhl zurück. Dann fing er an zu erzählen: Wie hoch die Pacht für den Laden war und die Miete für die Wohnung darüber, denn die musste Sonja mitmieten. Die Brauerei würde den Großteil der Renovierungen übernehmen, die Küche neu machen, Fliesen, Boden abschleifen, Lüftungen, Kabel verlegen und so weiter. Sie würden da einen Haufen Geld reinstecken, sagte er, fast 150.000 Euro wären geplant, »weil da muss ma ja fast ois nei macha«. Den Rest würde Sonja selbst zahlen müssen, also zum Beispiel einen Maler, der die Holzverkleidung und die Wände streicht, und dergleichen.

Natürlich dürfe sie nur Bier von Löwenbräu verkaufen und alles, was zum Überkonzern dazugehört, also Spaten, Franziskaner, Becks und noch ein paar andere Marken. Außerdem würde sich Sonja mit Unterzeichnung des Vertrags zu einigen anderen üblichen Dingen verpflichten, wie etwa regelmäßige Wartung der Schankanlage, Schilder der Brauerei aufhängen, Brauereimitarbeiter höflich behandeln, wenn sie zu Besuch kommen, und Sonja müsste ein paar Versicherungen abschließen: Gewerbehaftpflicht-, Rechtsschutz-, Umsatzausfallversicherung, Inhaltsversicherung und so weiter.

Und dann ging es um die Menge an Getränken, also vor allem Bier, die Sonja jedes Jahr von der Brauerei würde abnehmen müssen.

Man kann sich das ungefähr so vorstellen: Typischerweise berechnen die Brauereien die Bierabnahmemenge nach Kriterien wie Lage und Größe des Lokals. In dem Buch »Management in der Hotellerie und Gastronomie: Betriebswirtschaftliche Grundlagen« nennt der Autor des Kapitels »Der Bierlieferungsvertrag« eine Mindestabnahmemenge an Bier von 180 Hektolitern und einen sogenannten pauschalierten Schadensersatz von 30 Prozent. Das heißt in diesem – relativ typischen – Fall: Schafft es der Wirt nicht, im Jahr 180 Hektoliter Bier zu verkaufen, zahlt er der Brauerei für jeden nicht gekauften Hektoliter einen Schadensersatz von 30 Prozent des Listenpreises. 180 Hektoliter Bier im Jahr bedeuten rund 50 Liter Bier – also hundert Halbe, wie der Bayer die 0,5-Liter-Biere nennt – am Tag.

Auch Sonja würde ein paar Hundert Halbe die Woche verkaufen müssen.

Ich glaube, meine Augen wurden immer größer. Irgendwie erschlugen mich die ganzen Beträge und Verpflichtungen. Sonja aber hörte sich alles still an, und als der Brauereimensch mit dem Erzählen fertig war, sagte sie:

»Ich muss einen Kredit beantragen, und bevor ich da nicht die offizielle Zusage hab, kann ich den Vertrag nicht unterschreiben. Das kann noch sechs Wochen dauern. Wartets ihr so lang?«

»Puh«, der Brauereimensch zog die Augenbrauen hoch. »Sechs Wochen, ha?«

Er schwenkte den Kopf von Schulter zu Schulter, als wäre er eine Kirchenglocke. Wahrscheinlich hat er nur eine Minute lang so geklingelt, aber mir kam es vor wie eine halbe Ewigkeit. Jetzt sag halt, wollte ich ihn schon anbrüllen. Dann sagte er es von selbst.

»Na ja, gut. Schickst dich halt.«

Er brummte das ganz tief. Der Stimme nach konnte ich da auf einmal verstehen, was Sonja mit dem Tirolerhut gemeint hatte, auch wenn der Mann optisch alles andere als Tirol war, eher Irland, mit seinen roten Haaren und den Sommersprossen.

»Alles klar«, sagte Sonja. »Und wie ist das mit dem Zwangsvollstreckungsdings, soll ma des gleich machen?«

Ich guckte Sonja an. Zwangsvollstreckung? Jetzt schon? Das kam mir doch ein wenig verfrüht vor. Aber Sonja wird schon wissen, was sie da ausmacht, dachte ich und sagte nichts. Sie hat es mir nach dem Termin erklärt: Zwangsvollstreckungsunterwerfungserklärung heißt: Sonja unterschreibt bei einem Notar, dass die Brauerei ihren Grund (also die Wiese beim alten Klinglwirt) bekommt, wenn Sonja ihre Pacht nicht mehr bezahlen kann. Bei solch großen Verträgen müsse man das immer machen. Also kein Zwangsvollstreckungsdings, kein Vertrag mit der Brauerei, keine Kneipe.

»Na, des machma erst, wenn der Vertrag steht«, sagte der Brauereimensch. »Ned dass du dann dein Kredit doch ned kriegst und des hier nix wird. Der Notartermin kost uns schließlich achthundert Euro.«

»Ja, aber dann zieht sich das ja noch mal ewig«, sagte Sonja. »Könnten wir das nicht gleich machen?«

Ich glaube, in dem Moment habe ich dann doch sehr

verdutzt geschaut. Bettelte Sonja jetzt auch noch darum, zwangsvollstreckt zu werden? Aber auch hier folgte später die Erklärung: Ohne Pachtvertrag wäre auch das Zwangsvollstreckungsdings nichtig, also könnte man den Termin ohne Probleme schon zuvor machen. Denn nach dem Notartermin würde die Brauerei noch einmal ein paar Wochen brauchen, um alle Finanzen zu prüfen, und erst anschließend den Vertrag fertig machen. Das wollte Sonja beschleunigen.

»Es ist doch alles da sonst.«

Sonja wurde jetzt sehr nachdrücklich.

Der Brauereimensch seufzte.

»Na oiso gut. Wennst schwörst, dassd nimmer abspringst, dann machma halt den Termin.«

Sonja grinste, hob ihre Finger in die Höhe und schwor. Da schau her, dachte ich, dass ein Schwur geschäftlich auch noch etwas wert ist.

Nach Sonjas Schwur ging alles ziemlich schnell. Sonja traf sich mit ihren Eltern bei einem Notar in Bad Aibling, und sie überschrieben ihr die Klinglwirt-Wiese. Am nächsten Tag ging Sonja zu einem anderen Notar in München und unterschrieb das Zwangsvollstreckungsdings. Da war die Wiese quasi schon wieder weg. Noch einmal drei Tage später unterschrieb Sonja beim Notar, dass die Wiese auch als Sicherheit für den Kredit bei der Bank herhalten muss. Da war die Wiese noch viel mehr weg. Nebenbei verhandelte Sonja mit der Brauerei immer wieder über Einzelheiten des Vertrags. Sie wollte zum Beispiel nicht, dass der Vertrag mit einer Frist von nur sechs Monaten kündbar ist. Schließlich würde sie den Kredit ein paar Jahre lang abzahlen müssen, darum wollte sie nicht auf die Schnelle rausgeschmissen werden können. Sonja versuchte außerdem, die Biermenge, die sie Löwenbräu im Jahr mindestens abkaufen musste, ein bisschen zu drücken. Da war zwar nicht viel zu machen, im Großen und Ganzen aber einigten sich Sonja und die Brauerei recht schnell in allen Punkten, mal ging der eine auf einen Kompromiss ein, mal der andere.

Zwischen den ganzen Terminen brachte Sonja zu Hause ihren Businessplan auf Vordermann und passte ihn an den Laden in Haidhausen an. Das sah dann ungefähr so aus: Um die 55.000 Menschen wohnen in Haidhausen, davon sind 55 Prozent Singlehaushalte, was gut ist, denn Singles gehen tendenziell eher auswärts essen. Sonja rechnete mit 15 Euro durchschnittlich pro Person und Kneipenbesuch, vorsichtig geschätzt und mit jahrelanger eigener Kellnererfahrung abgeglichen.

Schließlich rechnete Sonja die Pacht mit ein, die sie ja nun genau kannte: Sie würde alles in allem 4500 Euro Pacht im Monat bezahlten müssen, und eine Gastro-Faustregel besagt: Die Pacht muss in den ersten drei Tagen des Monats erwirtschaftet werden, damit sich das Ganze lohnt. Umgerechnet bedeutete das: Sonja würde ab dem Tag der Eröffnung mindestens 45.000 Euro im Monat einnehmen müssen.

An dem Punkt angekommen, lief Sonja schnell aus der Wohnung, hinein in die Nachbarkneipe mit den Plastikstühlen, ein Glas Sekt zur Beruhigung auf ex. Dann beschloss sie, nicht länger darüber nachzudenken, keine Zeit, rannte wieder zurück an den Schreibtisch, der Businessplan musste fertig werden …

Mit dem Businessplan wollte Sonja nämlich einen besonderen Kredit beantragen, von der LfA Förderbank Bayern, also der Landesanstalt für Aufbaufinanzierung vom Freistaat. Die Bank fördert vor allem mittelständische Unternehmen bei der Neugründung. Für diesen LfA-Kredit muss man zunächst zu einer normalen Bank gehen, die prüft penibel, ob die vorgelegte Businessidee auch wirklich Erfolg verspricht, und nur wenn die Mitarbeiter dieser Bank das finden, reichen sie das Konzept weiter an die LfA, und die prüfen dann noch einmal.

Aber Gastrobetriebe haben es schwer, überhaupt einen Kredit zu bekommen, trällerten alle vermeintlichen Experten auf Sonja ein. Und den LfA-Kredit kriegt man besonders schwer, das sei quasi unmöglich, da hätten die Banken einfach zu viele schlechte Erfahrungen gemacht. Es gehen ja so viele Gastrobetriebe den Bach runter, und außerdem nehmen die Gastromenschen ja nur das ganze Geld vom Kredit, fliegen auf die Malediven und versaufen da alles und so weiter.

Die Konditionen des LfA-Kredits waren aber viel günstiger als die eines normalen Geschäftskredits: rund fünf Prozent Zinsen, Laufzeit zehn Jahre. Bei allen anderen Krediten hätte Sonja sieben oder acht Prozent gezahlt. Darum wollte sie diesen Kredit – von dem sie übrigens aus dem Buch »Existenzgründung für Dummies« erfahren hatte – unbedingt. Also zog Sonja sich ihren schicken grauen Hosenanzug an, hohe schwarze Schuhe und eine hellblaue Bluse – weil Blau kompetent wirkt –, lief zu drei verschiedenen Banken und brachte ihren Businessplan fein säuberlich gedruckt und als Ringmappe gebunden mit. Sie lächelte, erzählte von ihren Plänen und gab zum Abschied höflich die Hand. Eine der Banken erklärte sich bereit, den Businessplan bei der LfA einzureichen. Nun hieß es also: Warten. Denn für eine Antwort würde die LfA immer mindestens sechs Wochen brauchen, auch das hatte Sonja zuvor schon in Erfahrung gebracht.

Fünf Wochen und drei Tage später fuhr Sonja mit ihrem Fahrrad an der Isar entlang, da rief sie ein Berater von der

Raiffeisenbank auf dem Handy an: »Frau Obermeier, Sie kriegen den LfA-Kredit.«

Sonja legte auf, rief mich an, schrie irgendwas von Feiern und Jaaa und Haidhausen ins Telefon. Dann rief sie den Brauereimenschen an, und am nächsten Tag um Punkt 14 Uhr saßen die beiden im Alpenhof. Der Brauereimensch legte den Vertrag auf den Tisch, Sonjas Chef brachte Sekt, Sonja zitterte, nahm einen Kugelschreiber in die Hand, unterschrieb – und war Wirtin.

Einmal ist Sonja mitten in der Nacht in ihren neuen Laden geschlichen. Sie ist nicht durchs Fenster geklettert oder so etwas. Sonja hat einfach den Schlüssel ins Schloss gesteckt, ihn umgedreht und ist ganz legal hineingegangen. Den Schlüssel hatte sie schließlich schon am Tag nach der Vertragsunterzeichnung bekommen.

Trotzdem ist Sonja sich dabei so vorgekommen, als würde sie etwas ganz Verbotenes tun. So wie die Jungs in der sechsten Klasse, die beim Schulausflug nachts in das Zimmer der Mädchen geschlüpft sind, um sich im Schneidersitz auf den Boden zu setzen und mit einer leeren Limoflasche Flaschendrehen zu spielen. So lange, bis eines der Mädchen aus lauter Verlegenheit ein bisschen zu laut kicherte und die Lehrerin aus dem Nachbarzimmer kam und alle wieder in ihre Betten scheuchte.

So ungefähr hat sich Sonja in dieser Nacht gefühlt. Vielleicht, weil auch sie im Schneidersitz auf dem Boden saß. Fast zwei Stunden lang hat sie da so gesessen. Es gab noch kein Licht, Sonja hatte nur das bisschen, das die Straßenlampen hereinwarfen. Der Boden war staubig, überall lagen Schutthaufen, Rohre, Säcke, vermutlich mit Gips, Paletten mit Fliesen, ein alter Metallschrank. Zwischen all dem saß Sonja auf dem Boden – und schaute. Sie stellte sich vor, wie es wohl sein wird, wenn ihr Laden geöffnet hat. Da ganz hinten, wo jetzt eine große Leiter steht, würden Leute sitzen, und direkt neben ihr, wo eine große Plane über der Theke liegt, würde vielleicht gerade jemand ein Bier einschenken.

»Das ist einfach unglaublich«, schrieb Sonja mir am nächsten Tag in einer langen E-Mail.

»Ich glaub, das ist so ähnlich, wie wenn Leute ein Baby kriegen. Sie schauen es auch die ganze Zeit an und können nicht fassen, dass es da ist.«

So fühlte sich Sonja also nun: Als würde sie ein Kind kriegen. Im Nachhinein betrachtet, ist der Unterschied vielleicht tatsächlich nicht so groß: Babys kosten auch wahnsinnig viel Geld und Nerven und Zeit – und wollen ständig irgendetwas. Nur bei Sonja fing das schon vor der Geburt an, ihr Baby forderte schon lange vorher kontinuierlich ihre Aufmerksamkeit ein.

Meistens begann es damit, dass der Leiter der Baustelle, der Hinz – ein etwas hektisch umherwuselnder Mittfünfziger mit dunkler Halbglatze, bunten Flanellhemden, Jeans und Wanderschuhen, in die er grundsätzlich ohne Socken schlüpfte – sie anrief und fragte: »Du, Frau Obermeier, was ist jetzt eigentlich mit demunddem?« Dann musste Sonja immer irgendetwas möglichst sofort entscheiden. Das Problem war nur: Üblicherweise ging es dabei um Dinge, von denen sie zuvor nie auch nur ansatzweise etwas gehört hatte. Zum Beispiel fragte der Hinz: »Du, Frau Obermeier, was isn jetzt mit de Anschlüsse von dene Boxen für die Musikanlage. Sollma da jetzt Soundso-Kabel oder Soundso-Kabel verlegen?«

Sonja sagte dann so etwas wie: »Huuh, Boxen. Ja hm. Wie machen des denn die andern so?«

Der Hinz antwortete dann immer: »Des kimmt drauf o«, und dann gab es nähere Erläuterungen.

»Wollts ihr mehr so Hintergrundgedudel, oder wollts ihr eine Disko machen?«

»Mehr so Hintergrundgedudel.«

»Dann macht ma normal de Soundso. Weil des reicht dann scho.«

»Also gut, dann machen mir des auch.«

Und schon war wieder etwas entschieden.

Solche Anrufe bekam Sonja seit der Vertragsunterzeichnung quasi permanent: F90- oder F60-Decke, Lüftungsrohre offen legen oder verkleiden, Wasserabfluss in der Küche am Eingang oder beim Herd und so weiter und so weiter.

Sonja lief fast jeden Tag auf der Baustelle herum, ließ sich vom Hinz oder von einem der Handwerker irgendwelche Sachen zeigen, rief Leute an, die sich vielleicht mit Lüftungsrohren oder Decken auskennen könnten, fragte um Rat und machte dann irgendeine Ansage. Sonja hatte nämlich beschlossen, nicht bei jeder einzelnen Entscheidung ewig nachzudenken, damit würde sie nur Zeit verlieren, und am Ende machte es die Dinge auch nicht besser. Auf diese Art bekam Sonja das meiste tatsächlich recht schnell geregelt – bis auf die Sache mit der Holzverkleidung.

Es ist nämlich so: In vielen bayerischen Restaurants verstecken sich die Wände hinter Holzvertäfelungen. Diese Holzlatten sind oft so hoch wie Sonja und ich – also etwa einen Meter sechzig – und dunkelbraun oder mintgrün gestrichen. In München haben viele Läden, die von Brauereien verpachtet werden, solche Holzverkleidungen, und auch in Sonjas Laden sind die Wände hinter Holz. Eines Nachmittags rief wieder einmal der Hinz an: »Du, Frau Obermeier, des mit der Holzverkleidung musst fei selber machen, i sag's bloß, aber des sollten deine Leid jetzt dann amol abschleifen, dass ma des dann streichen kann.«

»Huuh«, sagte Sonja. »Holzverkleidung. Aha. Ja, ich kümmer mich drum.«

Sonja lief also wieder einmal durch den Laden und inspizierte dieses Mal die Holzverkleidung. Sie war dunkelbraun gestrichen, ein besonders hässliches Braun, wie Sonja fand, dazu noch ziemlich schlampig, überall waren Pinselspuren, Farbpatzer, Beulen und runtergelaufene Farbnasen zu sehen, an einigen Stellen blätterte die Farbe sogar schon ab.

Sonja sah sich um. Dunkelbraun sollte die Holzverkleidung auf keinen Fall bleiben, das war ihr viel zu düster. Es sollte heller werden, freundlicher.

»Ich dacht vielleicht Rot«, sagte Sonja am Telefon zu mir. »Was hältstn davon?«

»Spart in jedem Fall Heizkosten.«

Ich hatte nämlich gerade eine Studie gelesen, in der stand: Menschen, die ein rotes Badezimmer haben, frieren in ihrem Bad nicht so schnell wie Menschen, deren Badezimmer blau gestrichen ist, und darum heizt die Rot-Gruppe dann auch weniger.

»Jetzt ernsthaft«, unterbrach mich Sonja bei meinen Erläuterungen.

»Na ja, ist Rot nicht irgendwie … zu aggressiv?«

»Aber das wär mal was anderes. Das hat sonst keiner. Oder fällt dir was Besseres ein?«

Fiel mir nicht und auch sonst niemandem.

Die Maler, die Werner organisiert hatte, schickten Sonja einen dicken Katalog mit Farbbeispielen. Eine Woche lang schleppte Sonja diesen Katalog mit sich herum und zeigte ihn jedem: Werner, ihrer Mama, allen Freunden, dem Hinz, dem Brauereimenschen, wirklich allen. Schließlich würde der Ton der Holzverkleidung die dominierende Farbe in ihrem Laden werden und damit auch beeinflussen, ob ihr Laden gemütlich wirkt oder heimelig oder schick oder altbacken oder düster oder was auch immer. Diese Holzverkleidung war Sonja also wichtig.

Alle, die Sonja fragte, sagten ungefähr das Gleiche: Rot, na ja, ich weiß nicht recht. Aber keiner hatte einen besseren Vorschlag. Sonja selbst blieb zwar beim Rot, fand aber jeden Tag einen anderen Ton gut.

Und dann kam wieder so ein Tag, an dem Sonja entscheiden musste: Die Maler wollten die Farbe bestellen. Sonja stand mit ihnen auf der Baustelle, klappte den Katalog auf und deutete dann einfach auf irgendein Rot, das ihr eben an diesem Tag am besten gefiel: ein knalliges Tomatenrot.

Im Nachhinein muss man sagen, dass das eine wirklich gute Entscheidung war – dieses Rot ist zum Markenzeichen von Sonjas Kneipe geworden.

Aber keine Zeit, sich auf der Entscheidung auszuruhen, denn schon kam der nächste Anruf: »Du, Frau Obermeier, wie isn des mit dem Küchenherd. Wollts ihr da sechs Platten oder acht?«

Die Brauerei hatte Sonja nämlich einen Herd versprochen und ihr zwei zur Auswahl angeboten, einen großen und einen kleinen. Auch das Waschbecken in der Küche stellte die Brauerei, alles andere musste Sonja selbst kaufen.

Das Problem war nur: Sonja hatte vom Einrichten einer Restaurantküche ungefähr so viel Ahnung wie vom Ferrari ihres Exchefs. Darum waren die Entscheidungen bezüglich allem, was die Küche betraf, noch schwieriger als alle anderen. Nun ist aber die Kücheneinrichtung in einem Restaurant nicht ganz unwichtig. Es wäre auch nicht besonders glorreich, wenn Sonja die Küche einfach irgendwie einrichtet und später der Koch seinen Topf auspackt und feststellt: Kühlschrank fehlt. Es musste also dringend ein Berater her. Zum Beispiel ein Koch.

»Frag doch mal den Hansi«, sagte ich.

»Ja, den Hansi. Is der wieder in München?«

»Ich glaub, der ist seit einer Woche wieder da. Probier's mal.«

Hansi ist der beste Freund von Andreas, meinem Exfreund. Wir hingen früher oft zu viert herum, trafen uns zum Grillen an der Isar oder in unserem WG-Wohnzimmer und schauten Serien. Und Hansi ist Koch. Er kam uns auch wie ein guter Koch vor, denn immer, wenn er abends für uns kochte – Schweinebraten mit Semmelknödeln oder Lamm mit Kartoffeln und Rosmarin oder Weißwürschte mit selbst gemachtem Senf –, dann schmeckte es ziemlich gut. Hansi war nun aber vor gut einem Jahr nach Australien ausgewandert, zwecks Abenteuer und so. Wir sahen Bilder von Hansi auf Facebook, wie er mit einem Haufen Menschen irgendetwas Undefinierbares über einem großen Feuer grillte, wie er mit einem riesigen Geländewagen durch die Wüste bretterte, wie er mit Aussie-Hut in der Sonne herumlungerte, grinsend, braun gebrannt und mit Bart. Und einen neuen Liebhaber hatte er dort auch, hatte er mir über Skype erzählt.

Hansi ging es also ziemlich gut in Australien. Anfangs hatte er sich eher durchgeschlagen, hier und da gejobbt, doch am Ende kochte er für die Arbeiter einer Eisenerzmine irgendwo im Nordwesten. Ein Jahr hatte Hansi in Australien das mit dem Abenteuer gemacht, dann lief sein Visum ab, und er musste das Land verlassen. Darum war er gerade wieder in München gelandet. Wir wussten aber: Hansi wollte sich eigentlich nur ein neues Visum besorgen und dann zurück nach Australien fliegen. Aber solange er das Visum noch nicht hatte, war Hansi in München, und Sonja verabredete sich mit ihm.

»Auf jeden Fall acht Platten«, sagte er zum Herdproblem.

»Weil wenn du gleichzeitig Knödel kochen und Schnitzel braten willst, und dann kommen noch ein paar andere Sachen rein, dann braucht ma die schon.«

Hansi stellte sich schon bald als guter Berater heraus. Für viele Menschen zu kochen war er schließlich gewohnt. Er hatte im Vorstandskasino einer großen Münchner Versicherung gelernt – das ist das Restaurant, in dem die Großkopferten eines Betriebs essen –, dann in einer Vinothek gekocht, in einem Hotel, auf Messen und danach in einer Cateringfirma. Alles in allem: So einen Koch wie Hansi zu finden war nicht einfach, darum wollte Sonja unbedingt versuchen, ihn zu bekommen.

Die beiden trafen sich immer wieder, Hansi erzählte Sonja, welche Geräte sie brauchen wird, welches Werkzeug und wie viel Personal. Sonja schrieb eifrig mit, und bei jedem Treffen hatte sie sich ein anderes Zuckerl überlegt, um Hansi zu ködern.

»Du könntest doch vielleicht für ein Jahr mithelfen und später wieder nach Australien fliegen, dann hast du auch genug Geld zusammen.« Oder: »Du kannst auch bei mir wohnen, in der Personalwohnung über der Kneipe.«

Natürlich würde Sonja selbst in die Personalwohnung ziehen, das musste sie schließlich, aber es gab dort insgesamt drei Zimmer: eines für sie, eines sollte das Büro werden und ein weiteres, das Hansi haben könnte.

Sonja zog also ziemlich viele Register, und Hansi fand die Idee, in Sonjas Laden zu kochen, auch ganz nett, nur: Da war dieses Australien. Das hatte es ihm einfach angetan.

Eines Abends aber rief mich Sonja ganz aufgeregt an:

»Der Hansi ist dabei!«

»Echt? Lassen sie ihn in Australien nicht mehr rein, oder was?«

»Genau so ist es«, lachte sie und erzählte: Hansi bekam kein Visum mehr. Ein zweites Mal Work and Travel gaben sie ihm nicht, dafür hätte Hansi in seinem ersten Jahr offenbar mehr Deppenjobs machen müssen, wie Äpfelpflücken. Er hat aber gekocht, das war den Australiern anscheinend zu überqualifiziert. Folglich musste Hansi nun in Deutschland bleiben, brauchte einen Job – und eine Wohnung.

»Am Freitag zieht er ein.«

»Na, das geht ja schnell bei euch. Aber was Besseres hätt dir ja nicht passieren können.«

»Stimmt«, sagte Sonja, »ich schick der australischen Botschaft eine Dankeskarte.«

Zwei Tage später schleppte Hansi eine Klappmatratze, einen Seesack, gefüllt mit wenigen Klamotten, und vier sehr scharfe Messer (»muss jeder Koch haben«) in die Wohnung über der Kneipe – und war dabei.

Auf den Klinglwirt!

Der Schmauser Franz zum Beispiel kam immer schon vormittags daher. Das war ein alter Mann, vielleicht neunzig, mit weißem Bart, tiefen Falten und einem Hakelstecka, also einem Gehstock. Der Schmauser Franz hatte seinen Hof schon vor Jahren an seine Kinder übergeben, er war also ein Austragler-Bauer. Darum hatte er viel Zeit und saß jeden Tag im Klinglwirt – immer in derselben Ecke, wenn man reinkommt gleich rechts am Stammtisch. Da saß er und zwitscherte bis zum Nachmittag schon ein paar Halbe weg. Einmal kam Sonja, da war sie vielleicht acht, von einem Schulfest nach Hause und hatte ein rosarotes Kleid mit Rüschchen an. Der Schmauser Franz lachte sie an und sagte: »Mei, hast a schens Kleid o. Wo hastn des her?«

Sonja sagte: »Vom Quelle-Katalog.«

Da lachte der Schmauser Franz laut und scheppernd, sodass Sonja seine Zahnlücken sehen konnte. Seither fragte er Sonja jedes Mal, wenn sie heimkam: »Wo hostn heid dei Kleid vom Quelle-Katalog?«

»Der Schmauser Franz«, sagte ich und lachte. Ich mochte es, wenn Sonja Geschichten aus dem Klinglwirt erzählte. Vielleicht weil ich selbst vom Land komme und bei mir immer so Heimatgefühle aufziehen, wenn Sonja Geschichten von früher erzählt. Aber allein daran, dass ich aus einem bayerischen Dorf bin, kann es nicht liegen. Matt lächelte nämlich auch, und er ist in einem Münchner

Vorort groß geworden, also mehr so ein Reihenhauskind. Aber auch er mochte sie offenbar, Sonjas Geschichten aus dem Klinglwirt.

Es war ein Freitagabend, und wir saßen zu dritt im Alpenhof – wo auch sonst, wenn wir schon ein halbes oder, besser gesagt, ein drei viertel WG-Treffen veranstalteten – und aßen Gorgonzola-Rucola-Pizza. Matt sollte sich um das Design von Sonjas Laden kümmern, das Logo entwerfen, die Speisekarte, die Homepage und so weiter, schließlich machte unser alter Mitbewohner solche Grafikdinge jetzt quasi hauptberuflich. Noch während unserer WG-Zeit hatte Matt zusammen mit zwei Freunden eine Klamottenfirma gegründet, mit dem Namen Unitedskateboardartists, weil sie alle große Skateboard-Fans sind. Bei Matt sieht man das auch gleich: Er trägt meistens weite Jeans, Turnschuhe von Etnies oder Vans, bunte T-Shirts – mittlerweile von seiner eigenen Firma –, dazu Vollbart, Haare bis zum Kinn und eine große Hornbrille auf der Nase. Die hat er auf, seit ich ihn kenne, also schon seit mindestens zwölf Jahren. Er hatte sie schon zu Zeiten, wo diese Riesenbrillen noch nicht so wahnsinnig hip waren wie heute. Ob Matt also ein modischer Avantgardist ist oder einfach nur Glück hatte, werden wir vermutlich nie erfahren.

»Ich hätte halt gern, dass es in meinem Laden auch so wird wie im Klinglwirt«, sagte Sonja. »Mit so einer urigen bayerischen Gastlichkeit. Und trotzdem soll es irgendwie auch was Neues werden, frisch, jung, nicht angestaubt. Es muss halt in die Stadt passen.«

Matt seufzte.

»Und das alles soll ich jetzt ins Design kriegen, oder wie?«

»Ganz genau.«

»Und einen Namen habt ihr auch noch nicht?«

»Ganz genau.«

Wir hatten zwar schon einige Namen überlegt, von denen will ich hier aber mal lieber keine aufzählen – da waren so was von blöde Ideen dabei, und außerdem soll man die Toten ja bekanntlich ruhen lassen.

»Aha«, sagte Matt. »Na dann fangen wir einfach mal von vorne an. Wie war das denn alles mit dem Klinglwirt?«

Sonjas Augen leuchteten. Vom Klinglwirt zu erzählen, darum brauchte man sie nicht zweimal zu bitten. Ich nahm also noch einen Schluck von meinem Bier, lehnte mich in den Stuhl, und Sonja begann.

Vor über hundert Jahren, genauer gesagt 1905, kaufte Sonjas Uropa in Weidach, einem klitzekleinen Ort in der Gemeinde Baiern, das Anwesen vom Klinglwirt. Zum Grund gehörten ein kleines Waldstück in der Nähe, ein paar Wiesen, ein Stall für Kühe und Hühner, eine kleine Metzgerei – und ein großes gelbes Wirtshaus mit Gaststube und einem Festsaal: der Klinglwirt.

Sonjas Uropa war Müller und Metzger. Im Klinglwirt wurde also gekocht, was er schlachtete, und auch sonst machte man dort alles selbst. Sonja hatte ihren Uropa nicht mehr gekannt, aber in der Gemeinde Baiern muss er ein beliebter und sehr angesehener Mann gewesen sein, so heißt es jedenfalls. Er soll humorvoll gewesen sein, ein großer Pferdefreund und auch ein recht guter Zitherspieler. Wegen dieses Uropas ist der Klinglwirt zu dem geworden, was er fast hundert Jahre lang war: der Mittelpunkt des Dorfes.

Alles, was es in einem Dorf so zu feiern gibt, wurde im Klinglwirt gefeiert: Geburten, Hochzeiten, Firmungen. Im Saal probte die Rock-'n'-Roll-Tanzgruppe ihre Schwünge, die Trachtler übten das Schuhplatteln, fast alle Männer in der Gegend waren im Männergesangsverein, der natürlich auch im Wirtshaus übte. Es war einfach ständig die ganze Gemeinde im Klinglwirt versammelt, sodass einer der Sänger einmal rief: »Jetzt simma alle da, kimma zusperren.«

In der Wirtsstube gab es derweil Wollwürschte mit Kartoffelpüree, Schweiners mit Kraut, saure Knödel, Bratensülze, Leberkäs mit Kartoffelsalat, Schweinebraten mit Semmelknödeln und Auszogne – also Schmalzgebäck – als Nachspeise. Jeden Abend kamen die Bauern und die Arbeiter aus der Gegend vorbei, manche aßen noch etwas, andere tranken Bier und spielten Schafkopf. Ab und zu packte jemand seine Zither oder die Gitarre aus, und es wurde Musik gemacht und gesungen. Zum Waldfest baute der Trachtenverein jedes Jahr eine Kegelbahn aus Holz über den Graben neben dem Haus. Die Männer schossen die Kegel um, die Kinder stellten sie wieder auf. Und einmal im Jahr gab es Freibier für alle. Nämlich wenn die Brauerei ihr altes Bier verschenkte, bevor es schlecht wurde. Dann kamen wieder alle ins Wirtshaus und tranken weg, was weg musste. Es muss wohl immer recht lustig zugegangen sein im Klinglwirt.

Sonjas Oma ist im Klinglwirt geboren, Sonjas Mama Anna wuchs im Klinglwirt auf. Als Anna mit 26 Jahren den Klinglwirt übernahm, das war 1977, war Sonja fast ein Jahr alt, ihr Bruder sieben. Ihre Kindheit fühlt sich für Sonja immer noch an wie der Himmel auf Erden. Das riesige Haus, der Saal und der Stall waren für sie wie ein großer Abenteuerspielplatz. Nachts schlich Sonja sich in den Saal und sah den Theaterleuten oder der Rock-'n'-Roll-Tanzgruppe beim Proben zu. Jeder in der Gemeinde kannte natürlich die Tochter vom Klinglwirt, sie grüßten sie auf der Straße, die Stammgäste scherzten mit ihr oder erzählten ihr Geschichten. Sonja präsentierte ihnen dafür ihre kleinen Kätzchen oder verkündete laut: »Die Mama hat gsagt, ihr könnts jetzt alle heimgehen.« Außerdem hat man in so einer Wirtschaft, wenn man es geschickt betreibt, immer direkten Zugang zur Gefriertruhe voller Steckerl-Eis – also Eis am Stiel –, und auch Sonjas Lieblingsessen war stets verfügbar: Semmel mit Ketchup. Ich glaube, Sonja hat bis zu ihrer Pubertät nichts anderes gegessen als Pommes, Semmeln und Steckerl-Eis, sosehr ihre Mama es auch versuchte. Es grenzt fast an ein Wunder, dass bei der Ernährung etwas aus Sonja geworden ist.

Der Tisch in der Wirtsstube direkt neben dem Tresen war Sonjas Tisch. An den setzte sie sich jeden Tag, wenn sie von der Schule heimkam, die Mama brachte ihr Nudeln mit Soße oder versuchte es mit etwas anderem halbwegs Gesundem; Sonja verweigerte die Nahrungsaufnahme, bis sie dann doch wieder ihre Pommes bekam, dann machte sie ihre Hausaufgaben. Oder sie tat nur so und schaute der Mama stattdessen zu, wie sie Bier anzapfte, oder der Oma, die in einem riesigen schwarzen Kessel Vanillesoße für die Dampfnudeln kochte, oder sie sah den Stammgästen beim Kartenspielen zu – Sonja fand das toll.

Für ihre Mama war das alles nicht ganz so traumhaft. Anna stand jeden Morgen um sechs Uhr auf, machte den Kindern und Werner das Frühstück, putzte die Küche, richtete zusammen mit der Oma alles fürs Mittagessen her, dann schenkte sie Bier ein und trug Essen an die Tische – bis elf oder zwölf Uhr nachts, wenn der letzte Stammgast gegangen war, danach räumte sie wieder auf. Übrig blieb von der ganzen Arbeit etwa so viel, als hätte sie irgendwo halbtags als Angestellte gearbeitet, vielleicht als Kellnerin. Die Oma wurde älter und konnte nicht mehr so viel mithelfen, Werner arbeitete für die Stadt München, er konnte im Klinglwirt daher auch nicht besonders viel machen. Anna selbst hatte einige Operationen an der Lunge hinter sich – als sie 21 Jahre alt war, hatte sie TBC –, und irgendwann wurde ihr einfach alles zu viel.

Anna bot ihrem Bruder an, er könne den Klinglwirt übernehmen. Der war damals Wirt in einem Nachbarort. Er sagte zu, und Sonjas Papa baute für die Familie ein Haus in der Nähe, in das sie alle einziehen wollten.

Für Sonja brach eine Welt zusammen.

»Die Oma und ich, wir bleiben hier«, hatte Sonja zu ihrer Mutter gesagt, immer wieder. Die Oma wollte nämlich auch nicht weggehen. Sonja wurde alles Mögliche versprochen: Wir haben dann ein schönes, neues Haus, wo alles funktioniert. Du kriegst ein ganz neues Zimmer, mit rosaroten Wänden und himmelblauer Decke. Das hat Sonja auch alles gekriegt, aber sie fand es trotzdem blöd.

Denn vorher, im Klinglwirt, war ihr Leben etwas Besonderes gewesen. Jetzt kam sie sich vor wie in einem ganz normalen Reihenhausleben, in einem, wie es alle anderen auch hatten.

Annas Bruder führte den Klinglwirt noch zwei Jahre, dann gab auch er auf. Er verkaufte das Haus und einen Teil des Grundstücks an eine Frau, die dort eine Hunde- und Katzenpension eröffnete. Da gab es dann Zwinger aus Eisen, in die wurden die Hunde und Katzen hineingequetscht, während sich ihre Besitzer auf Mallorca kübelweise Sangria reinkippten. Die Besitzer der Tiere waren ausnahmslos Städter, die Leute aus dem Dorf hätten ihre Tiere nie dorthin gegeben.

Noch im selben Monat, in dem die Tierpension eröffnete, bekam Sonjas Oma einen Schlaganfall.

Anna und Sonja pflegten sie noch einige Jahre. Dann ist sie gestorben.

Heute wohnt eine Familie in dem Haus, in dem früher einmal der Klinglwirt war – sie haben alles ganz hübsch hergerichtet. Ich war einmal mit Sonja dort. Sie zeigte mir den Graben, über den sie früher die Kegelbahn gelegt hatten, die Hütte, in der die Waldbar war. Es war sogar für mich bewegend, an dem Ort zu sein, der so viel für Sonja bedeutete, dem Traum ihrer Kindheit.

»Und warum nennst du's nicht einfach so?«, fragte Matt.

»Wie, so?«

»Klinglwirt.«

»Ich weiß nicht«, sagte Sonja. »Ist das nicht zu altbacken, der Name?«

»Ach komm, egal«, sagte Matt. »Das ist doch das, was du machen willst, oder? Dann nenn es auch so, Himmel.«

Sonja sah mich an.

»Er hat schon recht. Nenn es Klinglwirt«, sagte ich.

Sonja verschränkte die Arme und lehnte sich zurück.

Es war eine große Herausforderung, das Restaurant Klinglwirt zu nennen, das war uns allen klar. Sonja würde etwas weiterführen, was ihr Uropa vor hundert Jahren angefangen hatte. Sie würde also in große Fußstapfen treten.

»Ja, ich glaub, es geht gar nicht anders«, sagte Sonja.

»Also dann«, sie hob ihr Glas.

»Auf den Klinglwirt!«

Was für ein Saustall

Ein paar Wochen später war es so weit. An einem Tag im August zog ich mein Rollköfferchen von der S-Bahn am Rosenheimer Platz über die Balanstraße in Richtung Sonjas Laden. Auf meinem Rücken hing ein Rucksack, zwei Taschen baumelten quer über den Schultern, gefüllt mit Turnschuhen, Klamotten, Büchern, einem Laptop – und was man noch so alles braucht für einen Monat. So lange hatte ich mir freigeschaufelt, mit vielem Hin- und Herorganisieren von Arbeitstagen und »das mach ich von München aus«. Mein Chef hatte ganz schön geschaut, als ich verkündete, dass ich jetzt erst mal ein bisschen in München bin, Kneipe eröffnen. Aber das ist der Vorteil, wenn man selbstständig ist: So viel Chef ist der Chef dann auch wieder nicht. Er hatte schließlich gelacht und mir viel Spaß gewünscht. Also hieß es Sachen packen, Freund zum Abschied küssen, Bahnhof, Zugticket, zweite Klasse Fensterplatz, Verspätung: 40 Minuten, München Hauptbahnhof, S-Bahn Rosenheimer Platz und dann Balanstraße.

Es war warm an dem Tag, das Wirtshaus am Anfang der Balanstraße hatte seine Stühle rausgestellt, zwei ältere Damen saßen mit Weißweinschorle und Kaffee in der Sonne, Radfahrer fuhren an mir vorbei, ein kleines Mädchen versuchte, die Flügel der Windräder zu drehen, die vor dem Spielzeugladen in einem kleinen Holzklotz steckten. Das Mädchen patschte ungeschickt auf die Flügel ein, sie wollten sich einfach nicht richtig bewegen. Ich zog meinen Koffer um das Mädchen herum, rollte die Straße weiter hinunter und ärgerte mich, dass ich doch den dicken weißen Anorak angezogen hatte. Weil ich Wetterpessimistin auch immer glaubte, am Abend könnte es vielleicht doch kalt werden. So ein Blödsinn, kalt im August, da hätte doch locker die grüne dünne Jacke gereicht, baaah, und jetzt schwitzte ich wie ein Elch und … und dann sah ich nach oben. Da hing es. An einem dunkelgrünen geschwungenen Eisenteil, an der Ecke des Hauses. Ein schmales weißes Schild mit goldenem Rahmen drum herum, darauf stand in roten Buchstaben »Klinglwirt«. Und darunter, schmal und schwarz, »Wirtshaus & Schänke«.

Ich blieb stehen und starrte auf dieses Schild und dann auf die Buchstaben, die direkt daneben an der Hauswand hingen über den dunkelbraunen Fenstern. Große rote Buchstaben. Klinglwirt. Und daneben in Schwarz: Wirtshaus & Schänke.

Da stand es also nun, für jeden sichtbar, für die ganze Nachbarschaft, für alle Fußgänger, Radfahrer, Autofahrer. Sie sehen es schon von Weitem: Hier ist Sonjas Kneipe, der Klinglwirt. Jetzt gab es keinen Weg mehr zurück. Das Kind war geboren.

»Heeeeeey.«

Sonja bog um die Hausecke.

»Was stehstn da rum?«

Sie strahlte, lief auf mich zu und umarmte mich.

»Ich hab dich von oben gehört, also deinen Rollkoffer. Und irgendwann war das Rollen aus, aber du trotzdem nicht da. Wart, gib mir die Taschen, wir können mit dem Aufzug rauffahren. Der wird zwar grad renoviert, die machen das ganze Treppenhaus neu, streichen die

Wände und schleifen die Treppen ab und alles. Aber er fährt schon, sind halt nur Bretter drin.«

Sonja redete, lachte, nahm mir die Taschen von der Schulter. Ich blieb stehen.

»Das Schild«, sagte ich.

»Ja, krass oder? Das haben die vorgestern aufgehängt. Ich konnt's auch nicht recht glauben.«

»Wow.«

Ja, ich weiß: »Wow« ist nicht gerade das Geistreichste, was man in so einer Situation sagen kann, aber mir fiel einfach nichts anderes ein als »Wow«. Plötzlich war alles so unheimlich real, und ich fühlte mich einfach nur erschlagen.

Irgendwann konnte ich mich doch von dem Schild lösen, und wir stolperten durch die Haustür zum Aufzug und fuhren in den ersten Stock, in Sonjas und Hansis Wohnung.

Sonjas Vater und ihr Onkel hatten mittlerweile ihre Möbel gebracht und ihre Klamotten und Küchengeräte und alles. Ausgepackt hatte sie davon offenbar bislang aber kaum etwas, schon direkt im Eingang der Wohnung standen aufeinandergestapelte Kisten herum. Sonja zeigte mir im Schnelldurchlauf die Wohnung: schmaler Flur, schmale Küche, Bad mit Wanne, Hansis Zimmer, Sonjas Zimmer mit dem abgenutzten, hellen Parkett und drei Fenstern, das kleine Büro mit Omas altem Bett darin für mich. Ich freute mich, dass ich nicht mehr auf der blauen Couch schlafen musste, sondern nun ein richtiges Bett hatte, stellte meine Sachen zu den Umzugskisten ins Büro und ging in die Küche, wo Matt und Hansi saßen.

Wir redeten über das Klinglwirt-Schild – den beiden war es beim ersten Anblick ähnlich ergangen wie mir –, über die Baustelle unter uns, und Matt erzählte von seinen Plänen für das Design der Speisekarte.

»Also«, fragte ich irgendwann, »womit fang ich an?«

»Du kannst dir erst mal nen Kaffee nehmen.«

Sonja lächelte. Machte ich doch glatt.

»Ich hab morgen früh einen Termin bei der Bank, das kann sich ziehen«, sagte sie.

»Aber wir könnten schon mal im Keller starten«, sagte Hansi, »da kommen keine Handwerker rein, wir können den also derweil fertig machen. Die Kühlhäuser und Regale brauchen dringend eine Generalüberholung.«

»Alles klar. Keller. Mit Generalüberholung meinst du putzen, oder?«

Hansi grinste.

»Ja, putzen. Hast du alte Klamotten dabei?«

»Nein. Warum?«

»Des siehst dann scho. Die Sonja leiht dir was, oder?«

»Klar.«

Am nächsten Tag sah ich dann tatsächlich schnell, warum ich die alten Klamotten von Sonja anziehen musste.

Um zehn Uhr – nach einem Kaffee und einer Butterbreze – schlüpfte ich in ein altes pinkfarbenes Gymnastikshirt und in eine zu Recht aussortierte schwarze Radlerhose. Dann griffen Hansi, der in einer Art Maler-Outfit steckte, und ich uns Putzeimer, Schwämme, Lappen, Putzmittel und Sonjas Küchenradio und wanderten in den Keller.

Hansi knipste das Licht an.

»Boah. Da könnt ja noch wer einziehen.«

Ich war kurz baff: Der Keller ist riesig, insgesamt vielleicht so groß wie eine durchschnittliche Münchner Zweizimmerwohnung. Es gab eine große silberne Bierkühlung, die wie ein eigenes Häuschen in den Keller hineingesetzt worden war, eine kleinere Weinkühlung, zwei große Gefriertruhen, einen Extraraum mit Regalen, wahrscheinlich für Gläser und Dekokram, in einer Ecke standen alte, dreckige Stühle und ein riesiger Eisenschrank. Neben diesem Eisenschrank kam Licht von oben durch eine Art Schacht, darin war eine eigenartige Platte mit Gitter drum herum.

»Was ist das denn?«, fragte ich.

»Der Bieraufzug.«

»Weil das Bier so ungern zu Fuß geht oder was?«

»Weil so ein Fünfzigliterbierfass schließlich auch über fünfzig Kilo wiegt«, sagte Hansi. »Und das kriegst du halt schwer die Treppe runter. Der Bierfahrer stellt oben die Fässer rein, kurbelt sie runter, dann musst du sie hier nur noch rausrollen und in die Kühlung stellen.«

Da ist der Vorteil, wenn man am Ende doch einen Vertrag mit einer Brauerei macht, dachte ich. Die sorgen sich so sehr um ihr Bier, dass sie in das Restaurant sogar einen Aufzug dafür einbauen. Wahrscheinlich würden sie, wenn man sie ließe, auch noch ein Matratzenlager in der Bierkühlung installieren, damit das Bier auch weich genug liegt, und vielleicht einen Flachbildfernseher dazuhängen, damit das Bier immer gut unterhalten wird. Aber natürlich würde da nur der Bayerische Rundfunk laufen, was denn sonst?

»Vielleicht hol ma noch den Gartenschlauch aus dem Innenhof«, sagte Hansi, »Wasseranschluss gibt's hier nicht.«

Hansi fummelte den Schlauch über die Treppen nach unten, schaltete das Radio an, wir quetschten unsere Hände in gelbe Gartenhandschuhe, und dann kamen wir drei Tage lang nicht mehr rauf. Außer zum Essen und Schlafen natürlich. Denn in diesem Keller sah es aus, als wäre seit dem Krieg nicht mehr geputzt worden. Was da an Schimmel an den Wänden der Kühlhäuser hing und grünlicher Schlick an den Plastikregalbrettern und rosafarbener, undefinierbarer Schleim in den Ritzen, auf dem Boden, in der Kühltruhe – ein ekeliger Saustall war das.

Aber Hansi hatte ein System: Putzeimer halb mit lauwarmem Wasser füllen, Schwamm eintunken, ein Schuss Klorix drauf, damit über Wände und Regale wischen, bis jeder Millimeter im Klorix badet, eine Minute einweichen lassen, dann mit der rauen Schwammseite alles kräftig wegschrubben und anschließend mit klarem Wasser aus dem Gartenschlauch abspritzen und trocknen lassen.

Klorix ist ein Putzmittel, das Chlor enthält, also Natriumhypochlorit. Das ist gut, denn Chlor tötet alles ab, den Schimmel, die Bakterienschleimbrühe. Aber Chlor bleicht auch Klamotten aus und Hände und Füße und wahrscheinlich auch die Nasenschleimhäute und alles andere. Das Klorix spritzte auf die Radlerhose, auf meine Arme, ins Gesicht, der Boden schwamm im Klorixwasser, alles wurde weiß und nass und schrumpelig.

Ich tunkte und wischte und schrubbte, Hansi tunkte und wischte und schrubbte, und am nächsten Tag kam Sonja in Jogginghose und Guns-N'Roses-Shirt dazu und tunkte und wischte und schrubbte. Im Radio lief Pop, ich sang mit und schrubbte in der Gefriertruhe herum, stundenlang, den Kopf nach unten, die Klorixdämpfe stiegen nach oben; ich schrubbte in der Weinkühlung, die kein Fenster hat, noch mehr Klorixdämpfe, ich schrubbte und schrubbte, und dann wurde mir schwindelig.

»Uuuh.«

Ich torkelte aus der Weinkühlung und setzte mich auf den staubigen Kellerboden.

»Alles klar?«

»Hm-m.«

Hansi kam zu mir und schüttelte an meiner Schulter. Ich hörte ihn ganz leise reden, seine Stimme hallte irgendwie, als würde er am anderen Ende einer Fußgängerunterführung stehen, und alles um mich herum schien ein wenig Farbe verloren zu haben.

»Geh vielleicht mal an die frische Luft.«

»Hm-m.«

»Hallo?«

Hansi zog seine Handschuhe herunter, griff unter meine Arme, zog mich hoch und stützte mich die Kellertreppe nach oben. Wir setzten uns im Innenhof auf die Bank, und dann wurde die Welt langsam wieder farbig und war nicht mehr ganz so verschwommen. Ich lehnte mich an die Hauswand, die Füße nass vom Klorixwasser, die Haare klebrig, die Hände verschrumpelt, trotz Handschuhen.

»Alles klar?«

Sonja kam die Kellertreppe hoch.

»Geht scho wieder.«

»Siehst nicht gut aus.«

»Danke. Du hattest auch schon mal ein hübscheres Outfit an.«

Sonja setzte sich auf die Bank.

»Du, wir sind jetzt eh gleich fertig. Bleib mal hier sitzen, und dann mach ma Feierabend.«

»Soll ma dann an die Isar fahren?«, fragte Hansi.

»Ja, Isar. Super.«

Hansi und Sonja verschwanden wieder im Keller, ich ging langsam hoch in die Wohnung, duschte, zog mich um, und dann fuhren wir mit Sonjas Auto an die Isar. Wir tappten vorsichtig über die Kieselsteine am Ufer ins Wasser – brrrr, eiskalt, schnell einmal untertauchen –, dann balancierten wir über die Kiesel zurück zu unseren Handtüchern und legten uns in die Sonne. Die Isar rauschte, die Vögel zwitscherten, ich lächelte selig.

»Du Sonja.«

»Hm-m.«

»Überprüft des eigentlich jemand, was wir da putzen und basteln und so?«

»Klar, vor der Eröffnung kommt die Bezirksinspektion und kontrolliert alles.«

»Und kann das auch sein, dass denen was nicht passt, und du kriegst am Ende gar keine Konzession?«

»Ach Schmarrn«, sagte Sonja. »Glaub ich nicht.«

Ein paar Sekunden lang sagte sie nichts.

»Aber klar, das kann schon passieren. Das wär dann blöd.«

»Ja, das wär nicht so gut.«

Wie schafft man es nun, mit nur 23.000 Euro ein Restaurant einzurichten? Genauer gesagt, mit einem Budget von 18.000 Euro für die gesamte Küche und 5000 Euro für Geschirr und Besteck und alles andere, denn so hatte Sonja es in ihrem Businessplan vorgesehen. Wo doch schon eine vernünftige Geschirrspülmaschine – eine, die schnell und gründlich spült und trotzdem wenig Wasser und Strom verbraucht – mindestens 3000 Euro kostet und eine Kaffeemaschine kaum unter 5000 Euro zu haben ist. Eine Gläserspülmaschine ist auch nicht gerade billig, und die ganzen anderen Geräte würden noch einmal jeweils ein paar Tausender kosten – und damit hat man auch nur die erste Grundausstattung, sagte jedenfalls der Hinz. Gleichzeitig murmelte er so etwas wie: Des schaffts ihr auf keinen Fall für des Geld. Ehrlich gesagt, war der Hinz nicht der Einzige, der das für völlig unmöglich hielt.

Fakt ist: Die gesamte Ausstattung von Sonjas Laden hat am Ende, mit allen Küchengeräten, Tellern und Gläsern bis hin zur letzten Zuckerdose ziemlich genau 23.000 Euro gekostet. Also, wie geht das?

Punkt eins: Plan machen.

Der Hinz zog ein schwarzes Klemmbrett mit einem weißen Blatt Papier darauf aus der Ledertasche und klemmte dann ein wenig umständlich die Tasche unter seine Achsel, um einen Stift aus der Hemdtasche zu fummeln.

»Jetzt schau ma mal.«

Der Hinz sah in eine Ecke der Küche. Na ja ... viel Küche war da eigentlich gerade nicht. Der Boden bestand im Moment eher aus etwas Sandig-Feuchtem, die Wände rundherum waren eine dunkelrote Backsteinmauer, die Handwerker hatten die alten Fliesen und den Putz schon abgeschlagen, aber noch nichts Neues angebracht. Eigentlich wirkte die Küche mehr wie ein Erdloch – ein Erdloch mit Fenstern. Wenigstens war es kühl in dem Loch, denn draußen brachte die Augusthitze die Handwerker, die im Gastraum gerade Kabel verlegten und irgendetwas am Boden fummelten, ganz schön zum Schwitzen. Einer schliff mit einem sehr lauten Gerät an der Theke herum. Der Hinz schnaufte und stapfte aus dem Erdloch in den Gastraum.

»Ja kinnts ihr vielleicht mal kurz aufhören, wenn wir da unser Besprechung ham?«

Es wurde still, der Hinz kam zurück und fing noch einmal an.

»Aiso. Der Herd steht am besten hier so in den Raum rein, und dann käm da die Wärmebrücke für die Essensausgabe hin.«

Der Hinz deutete mit dem Stift auf dem Plan herum.

»Und dann müsst hier die Spülmaschine hin.«

Sonja, Hansi und ich beugten uns über das Klemmbrett und versuchten, etwas auf dem Plan vom Hinz zu erkennen. Das heißt, für Hansi war das kein Problem, der ist gefühlt zwei Meter groß und kann so leicht über jede Schulter schauen. Überhaupt, dachte ich, wenn man so einen Koch wie Hansi hat, müsste man fast die Küchentür herausreißen und die Leute das Essen selbst holen lassen. Köche sind ja sonst eher klein und dick, Hansi aber ist groß, schlank, hat dunkle Haare und dunkle Augen. Wobei, statistisch belegt ist das mit den pummeligen

Köchen nicht. Vielleicht glaube ich das nur, weil die Köche im Fernsehen die ganze Zeit am Essen sind. Hansi beim Kochen zuzusehen fänden die Leute also bestimmt nicht schlecht.

»Wir brauchen noch einen Platz für den Holdomaten, falls wir noch einen nachkaufen«, sagte er.

»Was ist ein Holdomat?«, flüsterte ich zu Sonja.

»Das ist so ein Gerät für den Schweinsbraten. Hält ihn warm und frisch«, murmelte sie zurück.

»Vielleicht da hinten, neben dem Fenster«, sagte der Hinz und zeichnete etwas in den Plan.

»Und hier müsste die Bain-Marie hin«, sagte Hansi. Ich traute mich jetzt nicht, auch noch zu fragen, was eine Bain-Marie ist. Aber so wie Hansi das aussprach – Bämmerie –, war das bestimmt eines von diesen eingebayerischten Wörtern aus der französischen Küche. Und Bain, so viel wusste ich noch vom kläglichen Französischunterricht von vor zehn Jahren, hatte etwas mit Bad zu tun. Vielleicht war die Marie eine Art Wasserbad zum Warmhalten von Speisen oder zum Kühlen oder zum Finger Saubermachen. Nein, Schmarrn, das wohl eher nicht. Wir sind ja nicht in Versailles, wo sie ihre Finger nur in ein Schüsselchen mit Wasser getunkt haben, anstatt sie ordentlich zu waschen. Hansi hat mir später erklärt, dass ich mit meiner Vermutung schon richtiglag: In der Bain-Marie hält man Essen warm.

Während ich noch über die Waschgewohnheiten in französischen Schlössern nachdachte, war der Hinz schon beim nächsten Punkt und fragte:

»Was habts ihr denn für eine Fritteuse?«

»Gar keine«, sagte Sonja. »Wir machen keine Pommes und so. Nur Bratkartoffeln.«

»Aha. Keine Fritteuse aiso.«

Der Hinz guckte über seine Brille hinweg skeptisch zu Sonja. Das ist ihm wohl nur selten passiert, dass einer keine Fritteuse einplante. Klar, so eine Fritteuse ist eigentlich praktisch: Schnitzel rein, Pommes rein, Gemüse, Apfelkücherl, alles in das gleiche Fettbecken, Temperatur aufdrehen, zack, fertig. Aber danach schmeckt halt auch alles gleich, nämlich nach Frittierfett. Die Küchenwände und die Geräte und die Geschirrtücher stinken nach diesem Fett und die Kochjacken und die Jeans und die Socken und die Unterhosen auch, und die Wände werden gelb, und die Lüftung verfettet, und alles ist irgendwann nur noch Fett. Darum wollte Sonja auf keinen Fall eine Fritteuse in ihrer Küche haben.

Der Hinz hörte wieder auf mit Skeptisch-Schauen, wahrscheinlich wollte er nicht zu viel Zeit mit der nicht vorhandenen Fritteuse verschwenden, und weiter ging es: Wo sollen die Kühltische hin, wo die Hängeschränke, die Arbeitstische?

Hansi und der Hinz deuteten mal hierhin und mal dorthin, redeten durcheinander, der Hinz kritzelte in seinen Plan, Starkstromsteckdose, Wasseranschlüsse, Spülbecken und so weiter und so weiter. Nach einer Stunde sah der Plan aus wie das Werk eines Erstklässlers, der gerade gelernt hat, mit einem Bleistift umzugehen. Aber unter dem Gekritzel konnte man Folgendes erkennen: Die Küche sollte wie ein E aufgebaut werden. Im Mittelstrich würden Herd, Warmhaltebecken und der Pass mit Wärmebrücke – durch den der Koch das Essen herausgibt – stehen. Auf einem Außenstrich sollten Spülmaschine und Waschbecken sein und auf dem anderen Kühlzüge, Arbeitsfläche, Schränke und der Holdomat, falls es irgendwann mal einen gäbe.

»Ich mach den Plan dann fertig und schick ihn dir«, sagte der Hinz beim Hinausgehen zu Sonja.

»Alles klar. Schickstn halt möglichst bald, wir wollen die Geräte einkaufen.«

Ein paar Tage später schickte der Hinz den Plan, in den alle Geräte mit genauen Maßen und Größen eingezeichnet waren. Nun konnte alles eingekauft beziehungsweise angefertigt werden. Schließlich musste alles genau in die Küche passen, möglichst ohne Löcher und Nischen, wo sich Dreck ansammeln könnte, und aus dem nach EU-Lebensmittelhygienerecht vorgeschriebenen Edelstahl sein. Das heißt, die Vorschrift ist eigentlich: Das Material, aus dem die Küchenmöbel sind, darf nicht toxisch sein und muss eine glatte, abwaschbare und leicht desinfizierbare Oberfläche haben, schließlich muss in einer Gastroküche alles möglichst steril zugehen. Edelstahl hat das alles, und außerdem rostet er nicht, darum haben die meisten Küchen Möbel aus Edelstahl.

Und dann – Punkt zwei: Geräte einkaufen.

Bei Gastronomiegeräten gibt es etwas, das Sonja den Winterhalter-Mythos nennt. Winterhalter ist eine Firma, die Spülsysteme für die Gastronomie baut, vor allem Geschirrspülmaschinen und Gläserspülmaschinen. Sie gelten als Mercedes unter den Gastrogeräten. Darum sangen wieder einmal alle – Hansi, der Hinz, alle Gastrofreunde – einhellig: Kauf lieber ein zehn Jahre altes Gerät von Winterhalter als ein neues von einer Billigfirma. Nur die Sachen von Winterhalter würden immer einwandfrei funktionieren, alles andere sei angeblich billiger Ramsch.

Da ein Mercedes grundsätzlich nicht billig ist, waren neue Geräte von Winterhalter für Sonja nicht bezahlbar. Aber ein Wirt aus einem Dorf in der Nähe vom alten

Klinglwirt hatte Sonja einen Tipp gegeben: In Bad Tölz gäbe es einen Mann, der alte Winterhalter-Maschinen wieder herrichtet. Sonja fuhr mit ihrem Küchenplan nach Bad Tölz und sagte: »Ich sag's gleich, natürlich will ich von allem das Beste, aber ich hab kein Geld.«

Der Winterhalter-Aufmotzer lachte.

»Na, da find ma scho was.«

Sie beugten sich über den Küchenplan, tüftelten ein wenig herum, und am Ende kaufte Sonja zwei der wichtigsten Maschinen bei ihm: die Gläser- und die Geschirrspülmaschine. Die beiden Geräte kosteten zusammen über 4000 Euro. Den Rest kaufte Sonja neu von einer Firma namens Mayway, quasi der H&M unter den Küchengeräten.

Im Nachhinein hat sich übrigens herausgestellt, dass der Mythos wirklich nur ein Mythos ist. Die Winterhalter-Spülmaschine war gleich als Erstes hinüber, und der Winterhalter-Aufmotzer musste anrücken und sie reparieren.

Als Nächstes war die Kaffeemaschine dran – für Sonja das Allerwichtigste überhaupt. Ohne zwei, drei Espressos in der Früh dürfte man sie im Prinzip noch nicht zu den Lebendigen zählen. Kaffeemaschinen für die Gastronomie vertreibt in München zum Beispiel der Katzbichler. Von dem heißt es zwar, er verdiene an seinen Kaffeemaschinen innerhalb von zwei Jahren den Einkaufspreis noch einmal, weil sie so oft kaputt gehen, dass dauernd seine Techniker für viel Geld antanzen und etwas richten müssen, andererseits steht in jedem zweiten Lokal in München eine Maschine von ihm. Sonja dachte also, vielleicht ist das mit den vielen Reparaturen auch nur so ein Mythos, machte einen Termin mit ihm aus, und wir fuhren zu der Adresse, die er Sonja genannt hatte:

Dicke Villa in einem Münchner Erbenviertel, große weiße Tore, Treppe bis zum Eingang mit im Boden eingelassenen Leuchten, alles schnieke gestrichen und so. Als wir das Haus sahen, kamen uns wieder Zweifel, ob das mit dem doppelt Verdienen nicht vielleicht doch stimmen könnte.

Im Keller der Villa zeigte uns Katzbichler seinen Showroom, einen riesigen Raum mit haufenweise Kaffeemaschinen: große, kleine, stylisch bunte und industriemäßig riesige, bei denen man bloß einen Knopf drücken muss, und unten kommt der Cappuccino fix und fertig heraus.

»Bayerisches Wirtshaus, aha«, sagte Katzbichler und steuerte gleich auf eines der riesigen Geräte zu.

»So was brauchens uns gar nicht erst zu zeigen«, sagte Sonja entschieden. »Wir wollen schon was Gscheits.«

Sonja als Italienerin im Geiste würde lieber jeden Tag über den Brenner düsen und den Espresso direkt abholen, als eine dünne Filterkaffeeplörre auszuschenken, wie es sie früher immer in den Wirtshäusern gab. Und diese Industriemaschinen – der Katzbichler nannte sie Kaffeevollautomaten – machen aber nur Plörre, davon war Sonja überzeugt.

Wir testeten also eine Reihe von Kaffeemaschinen, die vermeintlich vernünftigeren Kaffee machen, bis wir von dem vielen Koffein zitterten wie zwei Espen, und am Ende hätte Katzbichler Sonja tatsächlich fast eine Maschine verkauft, nur weil die einen Turbosteam hat. Ein Turbosteam ist so ein Spezialding an einer Kaffeemaschine, mit dem jeder Depp einen schönen Milchschaum machen kann. Das war beim Kaffeethema Sonjas Hauptsorge: dass ihre Aushilfskellner womöglich den Milchschaum versauen. Das mit dem Milchschaum ist nämlich gar nicht so einfach, das wussten wir aus Erfahrung.

Nur: Die Maschine kostete 10.000 Euro, also ungefähr dreimal so viel, wie Sonja ausgeben wollte. Fast hätte

Katzbichler Sonja trotzdem rumgekriegt – allerdings weniger mit Argumenten als vielmehr mit seinem Verkaufscharme. Doch Sonja schaffte noch rechtzeitig den Absprung, sagte schnell »Ich denk drüber nach«, und raus waren wir. Am Ende hat Sonja für den halben Preis woanders die gleiche Maschine gekauft, die im Alpenhof steht. Die ist klein, der Kaffee schmeckt prima, bis heute musste niemand zum Reparieren vorbeikommen – und die Kellner haben das mit dem Milchschaummachen auch gelernt.

Punkt drei: Der ganze Kleinkram.

»Das kann ja nicht so schwer sein«, sagte Sonja, »im Schnitt machen in München im Jahr fast tausend Lokale neu auf und genauso viele wieder zu. Da muss es doch was Gebrauchtes abzustauben geben.«

Das war wahrscheinlich wieder so eine Zahl, die Sonja für ihren Businessplan recherchiert hat. Darüber darf man eigentlich gar nicht nachdenken … wenn es insgesamt etwas mehr als 4000 Gastrobetriebe in München gibt, wie hoch ist dann statistisch gesehen Sonjas Überlebenschance? Das Fass wollte ich jetzt nicht aufmachen und fragte stattdessen:

»Nur, wie stöbert man die Läden auf?«

Wir entschieden uns für die Guerillamethode: alle anrufen. Gastrofreunde, Verwandte, Menschen, die in irgendetwas Gastronomie-Verwandtem arbeiten, und alle, die auf dem Land wohnen, denn Menschen vom Land wissen sowieso immer genau, was in der Nachbarschaft vor sich geht. Oft wissen sie schon, dass ein Wirtshaus zumacht, bevor es passiert.

Und tatsächlich: Irgendwer wusste immer irgendetwas. Sonjas Papa zum Beispiel erfuhr von einem Onkel – der in einem Fleischereigroßbetrieb arbeitet –, dass ein Wirtshaus in Zell gerade zugemacht hatte. Eigentlich ganz dramatisch: Das Wirtshaus stand an der Hauptstraße im Ort, erzählte der Onkel, wo immer die Wochenendausflügler von München in Richtung Alpen vorbeifuhren. Viele hielten auf dem Rückweg an, aßen noch einen letzten Schweinebraten auf dem Land oder tranken einen Kaffee und genossen den schönen Ausblick auf Hügel und Berge. Nun aber hat die Bürgermeisterin dort eine Umgehungsstraße bauen lassen, danach kam niemand mehr an dem Wirtshaus vorbei, und die Wirtin ging pleite. Jetzt verkaufte sie ihr gesamtes Inventar.

»Was brauchts denn alles?«, fragte die Exwirtin, als sie uns das Tor zur Scheune hinter dem alten Wirtshaus aufsperrte.

»Ja, was halt so habts«, sagte Sonja. »Eigentlich noch alles.«

Die Wirtin zog das Tor einen Spalt auf und stemmte sich mit dem ganzen Körper dagegen, bis das schwere Holztor offen stand. Man muss dazusagen: Das war recht viel Körper, den die Frau da gegen das Tor lehnte. Sie sah genau so aus, wie sich amerikanische Touristen wahrscheinlich bayerische Wirtinnen vorstellen: bestimmt eins achtzig groß, neunzig Kilo schwer, und sie hatte eine eher, na ja, raubeinige Art. Fehlte eigentlich nur noch das Dirndl, dachte ich. Aber die Wirtin trug eine ganz normale Jeans und ein lila T-Shirt. Wahrscheinlich war das ihr einziger Trost, dass sie jetzt, wo ihr Gasthaus dichtgemacht hatte, wenigstens nicht mehr dieses lästige, kitschige Dirndl tragen muss, wo dir den ganzen Tag einer auf den Busen starrt.

Die Wirtin drehte den Lichtschalter an, und wir standen im Paradies aller Flohmarkt-Nerds: stapelweise Teller, Besteck, Gläser, Kerzenständer, Plastikstehtische, Salatschüsseln, riesige Töpfe, alles dicht gedrängt auf alten Holztischen, Bänken und Regalen, einiges stand einfach auf dem Boden herum. Dazwischen lagen alte Wagenräder, Hirschgeweihe und anderer Dekokram, sogar eine Kiste voll verstaubter Plastikblumen hatte sie aufgehoben. Wir wanderten langsam von Tisch zu Tisch.

Aber womit sollten wir anfangen? Ich hatte keine Ahnung, was hier noch gut war und was gar nicht ging. Ich hob einen Teller mit Landschaftsaufdruck hoch, guckte zu Sonja und zuckte mit den Schultern. Sie inspizierte gerade ein paar eigenartige Eisenplatten mit Haltegriffen an der Seite. Sie zuckte zurück. Ihr schien es genau so zu gehen wie mir. Ich drehte eine alte Kaffeekanne um. Braucht man das?

»Brauch ma ned.«

Hansi schlüpfte hinter meinem Rücken vorbei zu einem Tisch mit einem Haufen Kochlöffel.

Er schaute sich kurz um, und dann ging es los, das Hansi-Computerspiel. In einer Geschwindigkeit wie der dicke Italiener in Super-Mario lief er die Stapel ab und deutete der Reihe nach darauf: Brauch ma, brauch ma ned, davon vier, brauch ma ned. Hansi lief, deutete, bing, zwanzig Punkte für den Stapel Teller, brauch ma ned, ein Leben verloren für fünf dreckige Eiskaffeegläser, bing, bing, brauch ma ned, bing, bing.

Wir liefen hinter ihm her, sammelten ein, was er für gut erklärte, und schleppten alles nach draußen. In gefühlten zwei Minuten hatten wir stoßweise Zeug vor der Scheune versammelt, Hansi handelte mit der Wirtin – »Da san drei Teller obeckt, die gibst uns billiger« –, sie machten einen Gesamtpreis von 800 Euro aus, wir luden ein, zack, rein ins Auto und wieder Richtung München. Auf der Rückfahrt fand ich dann langsam meine Stimme wieder.

»Nicht schlecht, Hansi.«

Ich saß auf der Rückbank und hielt eine Kiste Suppenteller fest. Hansi grinste und sagte nichts.

Die nächsten Beutezüge verliefen ähnlich: Bei Charly, einem Bekannten von einem Kollegen von … ja, wer war das noch gleich? – von irgendwem also ergatterten wir einige Terrinen und Töpfe. Charly hatte früher eine Cateringfirma, die er aus gesundheitlichen Gründen hatte aufgeben müssen. Wir liefen durch seinen feuchten Keller, vollgestellt mit alten Cateringsachen, Hansi deutet links, rechts, »brauch ma ned, brauch ma ned, die Terrine geht, der Topf auch«. Zack, fertig.

Beim Rausgehen sagte Charly zu Hansi: »Du, ich hab da noch ein Messerset, wart schnell, des muss ich dir zeigen.«

Charly verschwand hinter einem Vorhang, kam mit einem hölzernen Messerblock wieder, in dem sechs silberne Messergriffe steckten, und hielt ihn Hansi stolz vor die Nase. Hansi zog ein Messer raus und lachte. »Du, aiso na, de dad i ned amal gschenkt nehma.«

Hansi drehte sich um und stapfte mit zwei Töpfen in der Hand die Kellertreppe hoch, Charly blieb mit seinen Messern zurück und schaute ein wenig enttäuscht. Aber das war klar: Wenn man einem Koch Messer anbietet, kann man fast nur verlieren. Für Köche muss an Messern einfach alles perfekt sein: der Stahl, der Griff, der Schliff, alles. Die zahlen auch schon einmal ein paar Hundert Euro für ein vernünftiges Messer. Die meisten bringen auch ihre eigenen Messer in die Arbeit mit, die darf dann niemand anderes benutzen oder schleifen – zumindest nicht ohne Aufsicht.

Nach insgesamt sieben solcher Streifzüge durch die Keller weiterer Gastro-Aufgeber, zwei Flohmärkten und einem Einkauf bei Sonjas Exchef (40 alte Holzstühle für 100 Euro) war die Wohnung über der Kneipe vollgestellt mit Tellern, Besteck, einem Wagenrad, Stühlen, Gläsern, Tassen, Zuckerdosen und vielem mehr, sodass man kaum noch durch den Flur kam. Von so etwas wie einer gemütlichen Wohnatmosphäre waren Hansi und Sonja in den Anfängen ihrer neuen Wohngemeinschaft also ganz weit entfernt. Aber immerhin: Es war alles eingekauft, was man für ein Restaurant braucht, die Maschinen für Küche und Bar waren bestellt und sollten in ein paar Wochen geliefert werden. Es war also alles da – glaubte ich.

Brauche dringend Arbeit

An einem Montagmorgen klingelte das Telefon. Ich fuhr aus dem Bett hoch und schaute mich orientierungslos um: Ich bin bei Sonja, im Büro, alles klar, sechs Uhr sagt der Wecker, und es ist das Telefon, das klingelt, nicht der kleine Mann auf dem grünen Elefanten, der mich dazu bringen will, mit ihm zur Isar zu reiten. Noch dreimal, dann hörte das Klingeln auf, ich legte mich wieder hin und zog das Kissen über meine Ohren. Wahrscheinlich verwählt, dachte ich. Um diese Uhrzeit trauten sich ja nicht einmal die Handwerker anzurufen. Ich wälzte mich ein bisschen genervt im Bett hin und her, und gerade als ich das Gefühl hatte, jetzt könnte es wieder etwas werden mit dem Einschlafen, klingelte es noch einmal.

»Oh Mann.«

6.20 Uhr. Scheiße. Ich nahm das Telefon aus der Station und wankte zu Sonja ins Zimmer.

»Da will dich jemand dringend erreichen. Gut Nacht.«

Ich warf ihr das klingelnde Telefon aufs Bett und wollte mich eigentlich umdrehen und in mein Zimmer zurückgehen, aber dann war ich doch neugierig. Ich ließ mich auf Sonjas Bett fallen und grinste sie an. Sonja hob die Lider, vielleicht zwei Millimeter – man konnte richtig sehen, wie viel Kraft sie das kostete –, und drückte den grünen Knopf.

»Obermeier. Klinglwirt. Ja genau. Ja. Ja kommens doch amal vorbei. Na, da müsst ma an Termin ausmachen. Aber könnens mich vielleicht mittags noch amal anrufen, ich hab grad meinen Terminkalender nicht da …«

»… und meine Augen noch nicht auf.«

»Ja. Mittag dann, so um zwölf. Alles klar. Wiederschaun.«

Sonja drückte den roten Knopf.

»Küchenhilfe.«

»Und offensichtlich ein Frühaufsteher. Ob der die Abendschichten packt?«

Sonja lächelte und war schon fast wieder am Einschlafen.

»Dann is wohl heute die Anzeige im Wochenanzeiger«, murmelte sie noch.

Vor ein paar Tagen hatten Sonja und Hansi an einigen Zeitungsanzeigen getüftelt: Koch, Küchenhilfe, Servicekräfte gesucht. Sie hatten die Annoncen in verschiedenen Zeitungen aufgegeben, eine in einem Branchenmagazin für Gastromenschen und zwei in kleinen Lokalblättern, dem »Münchner Wochenanzeiger« und »Hallo München«, weil Kellner und Küchenhilfen vielleicht nicht unbedingt die Branchenblätter lesen, sondern eher die normale Zeitung.

Offensichtlich funktionierte diese Strategie wunderbar: Für den Rest des Tages hörte das Telefon jedenfalls nicht mehr auf zu klingeln, und wenn es gerade einmal keinen Rabatz machte, setzte Sonja sich an ihren Computer und beantwortete die Flut von E-Mails, die auch noch eintrudelte. Fast alle Bewerbungen galten der Stelle als Küchenhilfe, insgesamt hatten sich dafür etwa siebzig Leute gemeldet. Sonja bastelte also auf die Schnelle einen Personalfragebogen – Name, Telefonnummer, Adresse, Bewertung – und vereinbarte Termine für den nächsten Nachmittag im Viertelstundentakt mit allen Bewerbern.

Na ja, nicht mit allen. Ein paar, die sich gemeldet hatten, fielen von vorneherein aus. Zum Beispiel kam eine E-Mail: *Brauche dringend Arbeit. Telefonnummer.* Sonst nichts.

Sonja lachte.

»Ist ja schon gut, wenn der dringend arbeiten will, ich brauch auch dringend Leute.« Sonja sah auf den Bildschirm. »Aber was kannst du denn? Wer bist du überhaupt?«

»Einer, der dringend Arbeit sucht«, sagte ich lachend.

In einer anderen E-Mail schrieb eine ungarische Familie, sie seien zu viert, Vater, Mutter, Tochter, Sohn. Sie wollen alle arbeiten, und am besten wäre es, man würde sie immer zu zweit einteilen, denn die Kinder sprächen deutsch und könnten dann dem Vater oder der Mutter erklären, was zu tun sei. Sie wollen alle unbedingt nach Deutschland, bitte, stellen sie uns ein.

Diese Bewerbung fiel auch von vorneherein raus, denn erstens konnte Sonja nicht immer zwei Küchenhilfen gleichzeitig bezahlen, und zweitens müssten die Angestellten schon einigermaßen Deutsch können, schließlich sollten sie verstehen, was der Koch ihnen sagt. Es kamen noch mehr solche Bewerbungen rein – aus Weißrussland, Polen, Tschechien. Eine Frau rief aus Bosnien an. Sie sagte, sie suche dringend einen Job für ihren Sohn, er habe keine Aufenthaltsgenehmigung, aber wenn Sonja ihn nehmen würde, würde er vielleicht eine kriegen, das sei wirklich wichtig, bitte, er könne gut arbeiten. Sonja sagte: »Ich kann niemanden einstellen, den ich nie gesehen habe, tut mir leid.«

Aber jeder, der vorbeikommen konnte, wurde zum Gespräch eingeladen.

Am nächsten Tag um 14 Uhr schlurften Hansi und ich

mit ausgedruckten Personalfragebögen und ein paar Stiften in den Laden und bereiteten uns auf den Ansturm vor. Sonja war nämlich der Meinung gewesen, über das Küchenpersonal müsse ohnehin Hansi entscheiden und da brauche sie nicht mit dabeizusitzen, es gebe genug anderes zu tun. Aber ich könne Hansi helfen und mitschreiben, was die Bewerber so sagen und können. Weil als Alternativprogramm für mich »oberes Kühlhaus schrubben« auf dem Plan stand, meine Finger aber noch schrumpelige Würste waren von der letzten Putzorgie, war mir das ganz recht. Hansi und ich setzten uns also an den einzigen Tisch, der schon im Klinglwirt stand: ein quadratischer Hochtisch mit einer kleinen hölzernen Eckbank auf einem Podest direkt neben dem Kücheneingang. Den Tisch hatte der Schreiner extra für dieses Eck gebaut, und er war glücklicherweise schon fertig. Um auf die Bank zu kommen, muss man ein bisschen raufhüpfen und sich hinter den Tisch schieben. Hat man das aber geschafft, sitzt man dort recht gut und hat den Überblick übers ganze Lokal, beziehungsweise, wie Hansi und ich damals: über die Baustelle. In der Küche spachtelten die Fliesenleger etwas am Boden, Werner schliff – mit einer brutal lauten Maschine – die Holzverkleidung ab, und der Elektriker, ein ganz ein schöner Mann, fummelte an irgendwelchen Kabeln herum, die aus der Decke kamen. Es war eine Atmosphäre wie in einer dieser Heimwerkersendungen, aber wir kamen uns eher vor wie beim Speeddating.

Mal saß ein älteres Ehepaar vor uns – um die sechzig, aus Polen, er wollte arbeiten, sie übersetzte für ihn –, dann ein junger Mann, hellbraune Haare, Brille, dann eine ältere, dickliche Frau mit rot gefärbten Haaren, noch eine dickliche Frau mit blonden Haaren. Sie mühten sich alle auf die Eckbank hoch, sagten Hallo, Hansi sagte Hallo, ich sagte Hallo, und dann fragte Hansi sein Programm ab: Wie ist Ihr Name, wo wohnen Sie, haben Sie Erfahrung mit bayerischer Küche, wie lange waren Sie in Ihrem letzten Job, wann können Sie arbeiten, morgens, abends, am Wochenende?

Ich schrieb mit, für jeden Bewerber einen neuen Zettel. Dabei war auch hier bei einigen gleich klar, dass sie für eine Stelle im Klinglwirt nicht infrage kommen. Zum Beispiel bei denjenigen, die gar nicht erst antanzten, das war ungefähr die Hälfte. Oder diejenigen, die gleich sagten: Es geht aber nicht mit Anmeldung, das waren auch einige. Manche hatten null Erfahrung als Küchenhilfe, anscheinend ist Küchenhilfe aber ein Job, den sich trotzdem jeder zutraut – der Tellerwäscher als Sinnbild für: Das kann jeder. Dabei ist Küchenhilfe echte Knochenarbeit. Einer sagte gleich noch vor der Begrüßung: »Ich muss aber nicht den Boden schrubben, oder? Mach ich nicht.« Auch ein Ausfall. Ein anderes Mal saßen drei große, sehr muskulöse Männer vor uns. Sie sahen ziemlich düster drein, dunkle Augen, dunkle T-Shirts, einer mit schwarzer Lederjacke. Sie sparten sich das Hallo.

Hansi: »Und wer von euch will jetzt arbeiten?«

Einer deutete auf den Mann in der Mitte.

Hansi: »Alles klar. Und wie heißen Sie?«

Mann: »Er heißt Dragan.«

Hansi: »Kann er nicht sprechen oder wie?«

Mann: »Doch.«

Hansi: »Nicht Deutsch?«

Mann: »Doch.«

Hansi: »Warum sagt er dann nix?«

Mann: »Ich rede.«

Der Mann in der Mitte guckte auf den Tisch.

Mann: »Er braucht Arbeit.«

Hansi und ich sahen uns an. Hansi versuchte es weiter.

Hansi: »Haben Sie schon mal in einer Küche gearbeitet?«

»Er wird gut arbeiten und machen, was du sagst«, sagte der rechts von ihm.

Der in der Mitte guckte weiter auf den Tisch.

Mann: »Du stellst ihn ein.«

Hansi sagte so etwas wie »ja, schau ma mal« und fragte noch zwei Standardfragen, ich duckte mich in meine Zettel und tat so, als würde ich etwas aufschreiben. Dann sagte Hansi: »Wir würden uns dann melden«, und die drei Männer schlüpften wieder von der Eckbank herunter. Wir schauten ihnen nach, wie sie aus der Tür gingen und um die Ecke bogen, dicht nebeneinander, den einen in der Mitte.

»Krass«, sagte ich. »War das irgendeine Mafia oder was?«

»Keine Ahnung. Aber Spülen wird der hier nicht.«

Drei Nachmittage ging das so mit den Vorstellungsgesprächen. Am Ende waren etwa zehn Küchenhilfen dabei, mit denen Hansi Probeschichten ausmachte. Mir kam das viel vor, aber Hansi sagte: »Wirst sehen, da kommt auch wieder die Hälfte nicht.« Genau so war es auch.

Eingestellt hat Hansi dann unter anderem einen Mann namens Karl. Er war um die 55 Jahre alt, dicklich, hatte hellbraune kurze Haare und Geheimratsecken. Karl hatte lange in einem bayerischen Wirtshaus in der Küche geholfen, konnte also sicher Knödel drehen und schnell Kartoffeln schälen.

Er wolle so gern arbeiten, hatte er gesagt, gerne auch spät und jederzeit, und einspringen könne er auch immer, wenn etwas wäre. Er wirkte sympathisch, lustig, motiviert. Hansi und Karl vereinbarten, dass er nach einer Probeschicht festangestellt werden würde, zwanzig Stunden die Woche. Dass Karl dann ein halbes Jahr später fast den Laden ruiniert hätte, hätte da noch keiner geglaubt.

Aber erst einmal weiter mit den Einstellereien.

Bei den Köchen ging alles viel schneller als bei den Küchenhilfen: Es hatten sich ohnehin nur drei beworben. Zwei davon konnten nur asiatisch kochen, der dritte wurde eingestellt. Der konnte aber nur zwei, vielleicht drei Schichten die Woche arbeiten, obwohl 14 Schichten in der Woche zu verteilen waren. Hansi war also schnell klar: Es kann dauern, bis sich noch ein Koch findet, und bis dahin wird er die meiste Zeit selbst kochen müssen, Mittagsschicht, Spätschicht, sieben Tage die Woche.

Dann fehlten nur noch die Kellner.

In der Gastronomie gibt es zwei Gruppen von Serviceleuten: Die einen sind die ausgebildeten Servicekräfte – hauptberufliche Restaurantfachleute, Barkeeper und so weiter. Die sind natürlich Profis in ihrer Arbeit, denen muss man das Tellertragen nicht erst erklären oder dass Aschenbecher auch mal ausgeleert werden sollten und die Kerzen auf den Tischen angezündet doch besser aussehen, vor allem abends, man muss ihnen meistens auch nicht zeigen, wie man den Gästen eine Flasche Wein ordentlich serviert.

Die andere Gruppe sind die Nebenjobber, das sind in der Regel Studenten. Die wissen oft nicht ganz so viel vom Kellnern, manchmal tragen sie Tabletts auf lustige Weise durch den Raum (mit den Händen rechts und links am Tablett), manchmal schenken sie einen Weißwein ins Rotweinglas. Oder sie tanzen mit Flipflops bei der Arbeit an, und dann fällt ihnen ein Glas auf den Zeh, alles blutet, und jemand ruft den Krankenwagen. Den Nebenjobbern muss man einiges erklären, aber sie kapieren oft schnell, meistens sind sie recht gescheit, sie studieren ja schließlich. Für Studenten ist das aber nur ein Nebenjob, also rufen sie auch schon mal kurzfristig an und sagen: Ich kann heute nicht, ich hab gestern zu viel gesoffen, und mein Kopf platzt. Oder sie haben Prüfungen oder fahren wochenlang in den Urlaub, und irgendwann hören sie dann ganz auf, weil sie einen »richtigen« Job anfangen. Gut, das ist natürlich nicht gesagt, je nach Studiengang können Studenten ihrem Nebenjob auch über Jahrzehnte treu bleiben. Aber generell hat man mit den Studenten einen vermehrten Organisationsaufwand.

Trotzdem wollte Sonja lieber hauptsächlich Studenten einstellen. Fünf Tage die Woche im Service zu arbeiten laugt einfach aus, das wusste Sonja aus eigener Erfahrung. Sie hatte ja bis vor Kurzem selbst fast täglich im Alpenhof bedient. Fulltime-Serviceleute wirken also nicht selten übermüdet oder genervt. Wenn jeden Tag die gleichen Fragen und Sonderwünsche kommen, kann man vielleicht auf Dauer auch nicht mehr so eine wahnsinnige Freude versprühen.

Sonja glaubte also, Studenten, die nur zwei, drei Mal die Woche kommen, haben wirklich Spaß an ihrer Arbeit und sind deswegen von selbst freundlich. Bei uns war es ja genau so: Neben dem Studium zu kellnern war super, das machten wir jahrelang, es war ein prima Ausgleich zum vielen Lernen am Schreibtisch. Ein weiteres Argument für Studenten: Die Lohnnebenkosten sind deutlich geringer als bei Festangestellten.

Aber Servicekräfte einzustellen ist natürlich überhaupt und immer ein großes, großes Problem, sang der Chor der Experten aus dem Bekanntenkreis mal wieder. Die meisten Kellner nähmen das Geld, das sie verdienen, gingen nach Dienstschluss in die nächste Kneipe, bestellten sich eine Flasche Schampus und hauten alles direkt wieder auf den Putz. Oder sie hängen ewig im Laden herum und trinken die ganze Nacht alles weg.

Oder sie bescheißen dich. Das war die lauteste Arie, die sich Sonja immer wieder anhören musste: Pass fei auf, dass die dich nicht bescheißen, weil die Kellner bescheißen doch eh alle. Die bringen ein Getränk raus, tippen es aber nicht in die Registrierkasse ein, dann kassieren sie beim Gast ab und stecken sich das Geld in die eigene Tasche. Es soll sogar Kellner geben, die sich zu Hause Bons – diese Zettel, auf denen steht, was sie eingetippt haben – nachdrucken, oder welche, die eigene Getränke mitbringen und dann verkaufen.

Am liebsten wäre es dem Chor also gewesen, Sonja hätte überhaupt niemanden eingestellt und immer ganz alleine gearbeitet, denn vertrauen kannst du eh keinem.

Um ehrlich zu sein: Es kommt wirklich immer mal wieder vor, dass welche bescheißen, und man muss schon aufpassen, das wusste Sonja auch. Sie wollte sich aber nicht in einen Verfolgungswahn drängen lassen. Außerdem glaubte sie daran, dass die meisten Menschen ehrlich sind, und das hat sich im Nachhinein auch bewahrheitet.

Auf Sonjas Anzeigen hin meldeten sich ohnehin kaum ausgebildete Servicekräfte für eine Festanstellung, eigentlich nur vier, und eine davon stellte Sonja ein. Aniko ist gelernte Hotelfachfrau, sie sollte unter der Woche die Tagschicht machen – von 10 bis 17 Uhr –, und sie erwies sich als glorreicher Gegenbeweis zu allen Gastronomenvorurteilen. Für alle anderen Schichten fragten Sonja und ich wieder im Bekanntenkreis herum, ob jemand jemanden wüsste. So kamen nach und nach immer mehr dazu: Meine Schwester konnte einen Tag in der Woche arbeiten, die Freundin meines Exfreundes wollte ein, zwei Schichten in der Woche kellnern, einer von Sonjas ganz alten Freunden opferte sich für zwei Schichten, Sonja warb zwei Kellnerinnen, die sie toll fand, aus ihrer früheren Stammkneipe ab, die brachten noch eine Freundin mit, und so weiter und so weiter.

Und so war Sonja plötzlich Chefin von 25 Angestellten.

Ein riiiiiesen Laden

Es gab Tage, da parkten fünf verschiedene VW-Busse vor dem Klinglwirt. Meistens weiße oder blaue, und auf jedem stand ein anderes Firmenlogo. Da waren der Schreiner, der tagelang an dem Schrank hinter der Theke herumschliff, die zwei dicken Lüftungsbauer, die an den Lüftungsrohren an der Decke schraubten, der schöne Elektriker, der meistens im Sicherungsraum bei den Toiletten einen Haufen dicker Kabel in die Wand schob, manchmal half ihm dabei sein pubertierender Lehrling. Die Fliesenleger klebten Fliesen an die Küchenwände, die Schankanlagentechniker machten irgendetwas mit den Gasflaschen in der Bierkühlung, die Klempner mit den Toiletten und die Kühltechniker mit dem Kühlhaus neben der Küche. Zu Stoßzeiten schliffen, bohrten oder hämmerten im Klinglwirt 15 Handwerker gleichzeitig herum, alle in ähnlichen blauen oder braunen Arbeitshosen, bunten T-Shirts, Käppis auf dem Kopf. Sie alle hatten einen Schlüssel von der Brauerei bekommen. Sie kamen also morgens einfach her und fingen an, mittags aßen sie ihre Leberkässemmeln und hörten dazu das Beste aus den 80ern, 90ern und die Hits von heute aus einem scheppernden Radio.

Auf Baustellen ist immer ein großes Durcheinander. Meistens aber kriegen es die Handwerker hin, sich nicht ständig gegenseitig auf die Füße zu treten. Wenn in so einen Baustellenauflauf dann aber zusätzlich noch die

Bodenmenschen reinwollen, dann ist alles aus. Denn den Boden abschleifen und wachsen heißt: Danach darf drei Tage lang niemand mehr auf das Parkett treten, sonst ist das ganze schöne Wachs gleich wieder beim Teufel. Nach den Bodenmenschen ist also erst einmal völliger Baustellenstillstand angesagt. Man könnte nun also auf die Idee kommen, den Boden ganz am Schluss wachsen zu lassen. Das geht aber leider nicht, denn ein paar andere Handwerker wollen erst mit der Arbeit anfangen, wenn der Boden fertig ist, Profis nennen das auch »eingelassen«.

Im Klinglwirt wollten zum Beispiel die Maler die Wände erst dann streichen, wenn der Boden eingelassen und trocken ist, damit sie auch den Dreck, den das Abschleifen hinterlässt, mit wegstreichen können. Auch der Eckbankschreiner wollte erst dann hinein, wenn die Bodenmenschen fertig sind. Der Eckbankschreiner sollte an ein paar Seiten im Klinglwirt eine Holzbank bauen. Eigentlich wollte Sonja an allen Seiten im Laden eine durchgehende Holzbank haben, die Brauerei hatte aber gesagt: Das kostet 10.000 Euro, das zahlen wir nicht. Sonja musste das also entweder selbst bezahlen, oder es gab keine Eckbank. Die Lösung brachte Werner. Er hatte zu Hause noch ein paar oachaane Lahn gefunden. (Keine Sorge, wir haben es auch nicht verstanden. Es sind Eichenholzbretter.) Damit ist er zu einem Schreiner in der Gegend gefahren, und der hat gesagt: »Gut, bau ich halt daraus eine Eckbank, und ihr zahlts mir nur die Arbeitsstunden.« Aber für eine Bank an allen Wänden haben die Bretter nicht gereicht, darum gibt es heute im Klinglwirt nur so viel Eckbank, wie Werner Holz gefunden hat.

Die Bodenmenschen sollten also irgendwann anfangen – und vor allem fertig werden –, damit der Eckbankmann und die Maler anfangen konnten. Die ganze Renovierung dauerte sowieso schon viel länger, als eigentlich geplant war, und drei Tage Stillstand auf der Baustelle waren einfach nicht drin. Sonja versuchte daher, den Schleif- und Wachstag so zu legen, dass der Boden am Wochenende und am Feiertag trocknen konnte, wenn sowieso keine Handwerker im Laden waren.

Sonja rief den Hinz an, diskutierte ein wenig mit ihm, der rief die Schleifer an und dann wieder Sonja und sagte: Alles klar, die Schleifer kommen nächsten Freitag. Am Montag darauf war einer der hunderttausend bayerischen Feiertage, Mariä Himmelfahrt in dem Fall, da sollte der Boden dann in Ruhe trocknen. Super, dachten wir, läuft.

Tatsächlich kamen die Schleifer am Freitag, packten ihre Maschinen aus und schabten mit einem Wahnsinnslärm den Holzboden ab. Die Handwerker hatten natürlich Ohrenschützer auf, Sonja und ich hatten so etwas nicht, also ergriffen wir die Flucht und nutzten die Gelegenheit für einen Besuch bei Sonjas Onkel. Er hatte dem Klinglwirt seine alte Musikanlage vermacht, wir brauchten sie nur abzuholen.

»Vielleicht baut uns der schöne Elektriker die Anlage ein?«, fragte ich auf dem Weg die Treppe hinunter.

Sonja grinste.

»Ja, genau. Der schöne Elektriker soll die einbauen.«

Für den Elektriker fielen uns immer irgendwelche Arbeiten ein. Es war einfach zu schön, ihm dabei zuzusehen, wie er auf seiner Leiter stand und an irgendwelchen Kabeln hantierte. Das war so ein großer Rothaariger mit Sommersprossen und Lachfalten, wirklich gut sah der aus, und lustig war er auch. Am Ende trank der schöne Elektriker jeden Morgen Espresso mit uns und schloss sogar noch Sonjas Herd in der Küche an. Ich glaube, ihm tat es auch ein bisschen leid, als er irgendwann mit allem fertig war und nicht mehr zu uns zu kommen brauchte.

Wir freuten uns also, dass wir wieder eine Aufgabe für den schönen Elektriker gefunden hatten, und Sonja öffnete die Haustür.

»Sollen wir die Schleifer eigentlich noch mal fragen, ob alles klargeht mit dem Boden?«

»Naa«, sagte Sonja. »Das ist so ausgemacht, also wird das schon passen.«

Ich zuckte mit den Schultern. Dann wird es wohl so sein.

Als wir am späten Nachmittag zurückkamen, stand kein Auto mehr vor der Tür.

»Die waren aber schnell fertig«, sagte ich.

Wir marschierten auf den Klinglwirt zu, kein Handwerker mehr zu sehen. Reingehen konnten wir natürlich nicht, das Wachs musste ja trocknen, also liefen wir beide zielstrebig zu einem der Fenster. Mal sehen, wie der Boden jetzt aussah.

Wir lugten hinein.

»Da stehen noch die Maschinen rum.«

»Und auf dem Boden liegt Dreck.«

Wir stürzten zur Eingangstür, Sonja schloss auf, und da war es. Also da war nichts. Kein Wachs. Nur Maschinen und viel Dreck.

»Des gibt's doch nicht. So eine Scheiße!«

Sonja war stinksauer. Unverkennbar. Sie zog ihr Handy aus der Jackentasche und rief den Hinz an.

»Hier ist nichts gemacht, nichts«, wetterte sie.

»Die sollen kommen und das jetzt machen, was ist das denn für eine Scheiße.«

Sonja schimpfte noch mehr ins Telefon. Ich glaube, da waren noch ein paar böse Wörter dabei, und auch

Umsatzausfall kam vor. Klar, wenn die Bodenschleifer erst am Dienstag wiederkämen, würden sich die Arbeiten aller anderen Handwerker um mindestens eine Woche verschieben – und Sonja würde den Klinglwirt erst später eröffnen können.

Sonja legte auf.

»Was sagt er?«

»Er ruft die Schleifer an, die sollen noch kommen.«

»Gut.«

Wir blieben stehen und starrten weiter auf den Boden. Er war schon komplett geschliffen und sah auch gar nicht schlecht aus. Aber überall lag noch feiner Holzstaub herum. Es wäre sicher nicht gut, wenn wir darauf herumtrampeln, ohne dass der Boden behandelt ist, dachte ich.

Sonjas Handy klingelte.

»Ja. Was? Das gibt's doch nicht. Und jetzt? Ja. Ja. Servus.«

Sonja legte auf.

»Die Schleifer sind alle aus Ungarn, und weil am Montag Feiertag ist, sind die jetzt schon losgefahren, nach Ungarn, und kommen erst Dienstag irgendwann wieder.«

»Ach komm.«

»Jap. So schauts aus.«

»Scheiße.«

»Ja. Scheiße.«

Wir verzogen uns schweigend in Sonjas Wohnung, und am nächsten Tag waren wir alle schlecht drauf. Im Laden konnten wir nichts weiter tun, denn wir wollten nicht ständig auf dem unbehandelten Boden herumlaufen. Also saßen wir auf Sonjas blauer Couch und überlegten uns, wer den Klinglwirt in Zukunft mit Lebensmitteln und den Getränken, die die Brauerei nicht liefern würde, versorgen sollte. Ein paar Lieferanten waren schnell klar: Das Fleisch sollte von den Herrmannsdorfer Landwerkstätten kommen. Hansi hatte dort auch schon angefragt, die Mengen, die er für den Klinglwirt bestellen wollte, gingen klar. Einen Weinhändler wusste Sonja auch schon, denselben nämlich, der auch den Alpenhof mit Wein versorgte. Der Wein war sehr gut, zwar ein bisschen teuer, aber das Leben ist zu kurz für billigen Wein, meinte Sonja und vereinbarte einen Termin mit dem Händler für eine Weinprobe. Nachspeisen wollte Sonja unbedingt von der Zimtschneckenfabrik haben, einer Konditorei aus Giesing. Vor einiger Zeit hatte Sonja sich nämlich einmal auf dem Weg zu ihrem Zahnarzt verlaufen und war zufällig vor der Backstube der Zimtschnecken gelandet. Die Zimtschnecken sind zwei Konditoren aus München, ein Ehepaar, deren Produkte alle hausgemacht sind. Sie rösten Nüsse, kochen Rhabarberkompott, backen Kuchen, alle ohne Konservierungsstoffe oder so etwas, dafür nur mit Bio- oder Freilandeiern – genau Sonjas Fall.

Die Backstube der Zimtschnecken ist eigentlich ein großer Raum mit Schaufenstern in einem grauen Plattenbau, vielleicht war da früher einmal ein Klamottenladen drin. Sonja jedenfalls blieb vor den riesigen Schaufenstern stehen und sah den zwei Zimtschnecken zu, wie sie eine gigantische Rührmaschine mit Mehl und Eiern befüllten, Teig kneteten und Kuchen in den Ofen schoben. Das fand sie toll. Die Kuchen sahen auch toll aus. Also ist Sonja rein in die Backstube, erzählte von dem Restaurant, das sie bald aufmachen würde, fragte die Zimtschnecken, ob sie nicht für sie backen wollten, und schon war das mit der Nachspeise geregelt.

Aber Sonja brauchte auch noch Lieferanten für Fisch und Brot. Wir googelten, schrieben ein paar Kandidaten auf, die infrage kommen könnten, da klingelte es an der Haustür.

Sonja lief zur Gegensprechanlage, murmelte etwas und kam zurück ins Zimmer.

»Da steht ein alter Arbeitskollege von mir vor der Tür, der wollt sich den Laden anschauen.«

»Unternehmensberater?«

Sonja nickte.

»Bah, der fehlt mir jetzt grad noch.«

Sonja hatte sichtlich wenig Lust auf den Besuch, aber es half nichts: Eine Minute später stand der Mann im Zimmer, quatschte davon, dass er gerade in der Gegend gewesen wäre und nur mal schauen wollte, wie es bei Sonja so stünde.

Ich musterte ihn. Das war ein hagerer Typ Mitte vierzig, kurze dunkelbraune Haare, glatt rasiert, schwarze Lederschuhe, das unternehmensberaterische Hemd – fliederfarben – steckte in der Jeans. Wäre nicht Samstag gewesen, hätte der bestimmt noch eine gebügelte Anzughose angehabt. Aber heute ging offenbar auch mal ne Jeans, bei Unternehmensberatern heißt das dann wohl Casual Day. Also gut, ich gebe es zu: Der war mir gleich unsympathisch.

»Und, krieg ich eine Führung?«

Nach dem »Und« klatschte er in die Hände und rieb sie ein bisschen. Dabei beugte er sich zu Sonja herab und grinste breit.

»Führung willst, aha. Ja, also hier wohn ich.«

Sonja breitete die Arme aus. Mittlerweile standen in ihrem Zimmer schon ihr Bett, ein alter Holzschrank, ein kleines Regal, die blaue Couch und ein gläserner Couchtisch. Dazwischen stapelten sich Schachteln, bunte Bäckerkisten mit Kabeln drin, Körbe voll Besteck und ein paar große, alte Lampenschirme, all die Sachen für den Klinglwirt.

»Gemütlich.«

Der Unternehmensberater lächelte. Ich glaube, er meinte das ironisch.

»Aber schon groß, die Wohnung. Bestimmt nicht billig, oder?«

»Geht so«, sagte Sonja.

Mit dem Fliederhemd im Schlepptau ging sie in den Flur, deutete kurz auf Bad und Küche und öffnete danach die Haustür. Dann kam sie noch einmal zurück ins Zimmer.

»Was ist mit dir?«

Sonja sah mich an.

»Ja, da komm ich doch auch mal mit.«

Ich drückte mich von der Couch hoch. Sonja lächelte, drehte sich um und lief die Treppe hinunter, der Unternehmensberater und ich hinterher. Wir traten durch den Hintereingang im Treppenhaus in die Restaurantküche und blieben an der Tür zum Gastraum stehen. Sonja deutete in die staubige Baustelle und sprach über die geplanten Tische und Stühle, nicht gerade mit sprudelnder Begeisterung.

Der Unternehmensberater lief auf Zehenspitzen ein paar Schritte über den frisch geschliffenen Boden. Vor dem Tresen drehte er sich einmal um sich selbst und stemmte die Arme in die Hüften: »Wahnsinn«, sagte er. »Das ist ja ein riiiiesen Laden.«

»Na ja.«

»Und das willst du allein machen?«

»Ja.«

Er sah Sonja an, die Hände immer noch an den Hüften, und als ob das nicht schon abschätzig genug ausgesehen hätte, zog er jetzt auch noch die Augenbrauen hoch.

»Na da wirst dich umschauen. Mein Cousin hat ja auch ein Restaurant in Rosenheim. Das ist ungefähr genauso groß wie das hier. Aber der hat auch jahrelange Erfahrung in der Gastro.«

»Das hab ich auch«, sagte Sonja.

»Hjaa.«

Jetzt grinste er auch noch. Spätestens da hätte ich ihm am liebsten seine Casual-Jeans bis zu den Ohren hochgezogen.

»Du Sonja, wir müssen bald los«, sagte ich.

»Ja stimmt, ist ja schon fast vier.«

»Ja«, er klatschte wieder in die Hände, »kann ich noch die Bierkühlung sehen? Weil ich könnte euch schnell zeigen, was ihr da für eine Temperatur einstellen müsst. Viele machen das ja falsch.«

Es ging also noch eine Stufe härter: Jetzt wollte er uns auch noch Tipps geben. Auf dem Weg in den Keller referierte er ungefragt darüber, dass man ja so aufpassen müsse mit seinen Angestellten, weil die einen alle sowieso nur beschissen – ganz neue Sprüche also. Sonja müsse darum alle Waren immer ordentlich kontrollieren, am besten hänge sie eine Kamera über der Bar auf, denn diese Gastroleute seien einfach alle Betrüger, alle. Ob Sonja denn schon wisse, wer den Müll bei ihr abhole, weil da könne er einen guten Mann empfehlen, sie hätten den Mülldienst bei seinem Cousin gerade erst gewechselt, weil der vorherige habe auch so was von beschissen, immer zu viel Müll abgerechnet, da müsse man einfach so aufpassen. Im Keller warf er dann einen Blick in die Bierkühlung, in das Weinkühlhaus, musterte die Regale für die Gläser und den Bieraufzug. Arme in die Hüften gestemmt: »Wahnsinn. Ein riiiiesen Laden ist das.«

»Jetzt sind wir aber schon wirklich spät dran.«

Ich zog mein Handy aus der Hosentasche, um mit einem besorgten Blick auf die Uhr den vermeintlichen Zeitdruck zu untermauern.

»Ja, wir müssen los.«

Sonja bewegte sich schon in Richtung Tür.

»Gut«, klatsch, »ich pack's dann auch mal.«

Der Casual-Klatscher ging an uns vorbei die Kellertreppe hoch und machte sich dabei nicht die Mühe, wenigstens in unsere Richtung zu sprechen, während er mit seinem Referat fortfuhr.

»Aber früher oder später wirst du dir schon noch einen Teilhaber suchen. Weil das hier allein zu stemmen, dafür muss man schon auf Zack sein.«

»Du, wir lassen dich gleich hier zur Haustür raus, dann musst nicht mehr extra mit hochkommen.«

Sonja öffnete die Haustür.

»Komm gut heim, gell.«

»Alles klar Mädels, machts gut.«

»Ja du auch. Servus.«

Mir schüttelte der Berater die Hand, Sonja gab er Bussi-Bussi, dann ging er die Balanstraße in Richtung S-Bahn hinunter und winkte noch einmal im Davongehen. Ich bemühte mich, ihm hinterherzulächeln, Sonja drückte nur die Haustür zu.

»Was für ein Vollhorst«, sagte ich.

»Ja. Wahnsinn.«

»Was war das denn überhaupt? Wieso kreuzt der bei dir auf, um dich blöd anzuquatschen?«

»Ach, keine Ahnung. Das ist so einer, der hat auch die ganze Zeit davon geredet, sich selbstständig zu machen, mit irgendwas Internetmäßigem, aber letztlich hängt er immer noch in der gleichen Firma rum. Seit fast zwanzig Jahren.«

»Ah, so einer. Schon klar.«

Wir machten noch ein paar Witze über seine Casual-Jeans und klatschten dabei in die Hände, dann setzten wir uns wieder auf die Couch und suchten Lieferanten. Aber die Stimmung war, na ja – es war einfach anstrengend.

In der Nacht stand Sonja dann in meinem Bürozimmer.

»Maria.«

»Hm-m.«

»Ich bin wach.«

»Nein, bist du nicht.«

»Doch.«

»Was is?«

»Ich glaub, das wird nie fertig. Nichts wird fertig. Wer weiß, ob die scheiß Bodenschleifer überhaupt noch einmal kommen, und überall sind plötzlich neue Baustellen, die Spülmaschinen gehn nicht, alle beide, die Außenbeleuchtung ist auch hin, das hört nicht auf, und es fehlt noch so viel, keine Ahnung, ob wir überhaupt jemals eine Konzession kriegen.«

»Jetzt mal langsam.«

Ich setzte mich hin und lehnte mich ans Rückengestell, Sonja ließ sich zu mir aufs Bett fallen und seufzte.

»Das ist doch jetzt nur wegen dem Casual-Klatscher, dass du plötzlich so nervös bist, oder?«

»Keine Ahnung. Kann schon sein.«

»Ach lass den doch reden. Wir kriegen es schon hin, dass der Laden irgendwann läuft.«

»Der meint halt, das ist eine Nummer zu groß für mich.«

»Ja, das meint er wohl. Aber der wird's schon sehen. Alle werden das.«

»Die Handwerker glauben das auch.«

Ja, das mit den Handwerkern war so eine Sache. So gut wie immer, wenn jemand Neues auf der Baustelle ankam, liefen sie mit ihren Maschinen ein und sagten: »Servus. Wo isn der Chef?« In der Regel stellten sie diese Frage Sonja. Sonja sagte dann: »Das bin ich.« Die Handwerker stutzten kurz oder guckten sich an, und dann fragten sie entweder zögerlich, was sie fragen wollten, oder sie sagten: »Ach, ich wollt eh gleich noch mal den Hinz anrufen, ich klär das dann mit dem.« Die Männer konnten sich anscheinend nicht vorstellen, dass Sonja wirklich befugt war, hier Dinge zu entscheiden. Oft übernahm Hansi die Handwerkergespräche. Man muss schon sagen, dass er sich mit den meisten Baustellengeschichten auch wirklich besser auskannte als Sonja. Er wusste mehr über Fliesen und Fugen und Steckdosen, kontrollierte vieles noch einmal nach, sagte dem Hinz Bescheid, wenn er glaubte, dass die Fliesenleger oder die Schreiner schlampig gearbeitet hatten. Normalerweise machte es Sonja nichts aus, dass die Handwerker sie ganz offensichtlich nicht für voll nahmen. Sie dachte sich: Ist ja auch wahr, Hansi weiß das wirklich besser. Aber es gibt eben so Momente, wo ein grundsätzliches Unterschätztwerden – wahrscheinlich weil man eine Frau und jung und einen Meter sechzig groß ist – stresst. Und das war jetzt so ein Moment.

»Mein Gott, die Handwerker. Ist doch wurscht. Die ziehen hier eh bald wieder ab. Also hoffentlich. Und dann geht's ja erst wirklich los.«

»Hm-m.«

Sonja zog die Beine an, schlang ihre Arme um die Unterschenkel und legte den Kopf auf die Knie. Ich versuchte es noch mit ein paar tröstenden Worten wie »Scheiß doch auf die Typen« und »Alles wird gut«, dann kroch Sonja wieder in ihr Bett.

Jetzt konnte ich allerdings nicht mehr schlafen. Zu viele Dinge waren in meinem Kopf. Was, wenn nicht alles gut würde? Sonjas Ideen, bayerisch, modern, rote Wände, Essen aus der Gegend und Bio und trotzdem gemütlich und alles – ich fand das wirklich gut und glaubte auch daran. Sonja würde sicher eine tolle Wirtin werden, schon allein von der Art her. Sie ist lustig, kann mitreißend Geschichten von früher erzählen, vom alten Klinglwirt, sie kann schnell Entscheidungen treffen. Sonja hat Tourismus studiert, was kann es für bessere Voraussetzungen geben, um ein Restaurant zu eröffnen?

Aber trotzdem: Es gibt wohl nichts Unberechenbareres als die Gastronomie. Es konnte genauso gut sein, dass am Ende einfach keine Gäste kamen. Dass das alles, was wir hier taten, niemanden interessierte.

Ich drehte mich gefühlte drei Stunden lang von einer Schulter auf die andere. Irgendwann muss ich wohl doch eingeschlafen sein, denn plötzlich stand Hansi vor meinem Bett, und es war hell.

»Der Boden ist fertig«, sagte er.

»Was?«

»Aufstehen. Jetzt. Das musst du dir ansehen.«

»Baaahh.«

Ich kroch aus dem Bett und quälte mich in den Flur, dort sah ich Sonja, die gerade aus ihrem Zimmer schlich. Hansi muss wohl schon bei ihr gewesen sein. Wir zuckten mit den Schultern und tappten mit halb geöffneten Augen wortlos hinter Hansi her nach unten, durch die Hintertür in den Klinglwirt, vorbei an der Kühlung, durch die Küche zum Durchgang in den Gastraum – und dann waren unsere Augen plötzlich auf.

Es war Sonntag, zehn Uhr morgens, und der komplette Boden im Klinglwirt war fertig gewachst. Bis heute weiß keiner, wie das passiert ist. Aber es war so.

Da standen wir also, Sonja im lila Schlafanzug, Hansi und ich in Boxershorts und T-Shirt, allesamt barfuß auf den neuen weißen Küchenfliesen, starrten in den Gastraum und konnten es nicht glauben. Der Boden sah toll aus.

Der Papa wird's scho richten

Wer als Mann, sagen wir einmal, nicht ganz so groß ist, der wird im Klinglwirt Probleme haben, sich auf dem Klo im Spiegel zu sehen. Werner wollte nämlich nicht in die Fliesen bohren, also hat er den Spiegel auf der Herrentoilette einfach etwas höher gehängt.

Sonja und ich standen im Männerklo, ich hüpfte, Sonja streckte sich, und trotzdem konnten wir nur unsere Augen im Spiegel sehen.

»Vielleicht wenn ma noch eine Leiter davorbauen.«

»Oder ein Schild an die Tür: Eintritt ab eins achtzig.«

Wir lachten und beschlossen dann, dass es schon passen wird. Hauptsache, es ist überhaupt ein Spiegel da. Außerdem fanden wir es lustig, dass Werner die Sachen nicht immer so perfekt einbaute, dass er nicht alles so aalglatt machte. So ist Werner einfach nicht. Er ist eher der gemütliche Typ mit Schnauzbart und Brille, sportlichen Klamotten und immer einem verschmitzten Lächeln auf den Lippen. Wie ein Lausbub in Rente.

Ich kannte Werner vor allem vom Segeln. Fast jedes Jahr segelten wir eine Woche lang mit einem Schiff an der kroatischen Küste oder auf der Ostsee umher – Sonja, Werner und ich. Oft war auch mein Freund dabei oder Anna oder noch ein Freund von Sonja. Werner war unser Käptn und wir seine Leichtmatrosen. Vor allem mein Freund und ich waren eher die Deckschrubber und Köche und Abspüler, denn Sonja segelt selbst schon eine Weile, seit ihrer Kindheit eigentlich, und hatte mittlerweile auch alle Scheine. Sie versteht darum Befehle wie »Klar zur Wende« sofort und macht dann auch gleich irgendetwas Entsprechendes, während unsereins noch behämmert an Deck steht und womöglich den Baum an den Kopf kriegt. Werner hat uns trotzdem immer wieder mit unermüdlicher Geduld die blöden Knoten für die Fender – das sind diese Gummiprellböcke, die rechts und links am Boot hängen, wenn man im Hafen liegt – erklärt, hat jeden Morgen gut gelaunt für die ganze Crew die besten Spiegeleier der Welt gebraten, und wenn wir dann den Anker heraufgefahren (also gelichtet), die Segel gesetzt und die Richtung des Tages (also den Kurs) bestimmt hatten, wenn der Wind ideal von links hinten blies (achterlich heißt das, glaube ich, in der Segelsprache), wenn es also mehr oder weniger nur noch darum ging, ob wir später in der angepeilten Bucht essen gehen oder an Bord kochen sollten, dann machte sich Werner meistens eine Dose Bier auf, ließ sich auf die Bank auf Deck fallen und sagte: »Aiso mir is des am liabsten wurscht.«

Seit einem halben Jahr hatte Werner viel Zeit fürs Segeln, seitdem war er nämlich in Rente. Aber natürlich hatte er auch viel Zeit, um Sonja auf der Baustelle zu helfen. Baustellen waren nämlich sowieso sein Ding. Werner hatte in der Liegenschaftsverwaltung der Stadt München gearbeitet und dort zum Beispiel als Bauleiter den Umbau von Häusern überwacht, die der Stadt gehören, oder auch den Umbau der Toiletten am Marienplatz. Wie hoch dort die Spiegel hängen, ist nicht überliefert. Sie können ja mal nachsehen, wenn Sie dort vorbeikommen.

Nun war Werner fast jeden Tag im Klinglwirt, und das lief immer ungefähr so: Morgens rief er Sonja von zu Hause aus an und fragte, was heute anstehe und was für ein Werkzeug er mitbringen solle. Dann fuhr er in den Baumarkt, kaufte eine Kette oder ein Kabel oder Handschuhe oder eine Säge oder ein Schleifgerät oder Kleber oder sonst irgendetwas, was gebraucht wurde, dann spazierte er vollgepackt mit den ganzen Sachen zur Kneipentür herein, baute sich in irgendeiner Ecke im Klinglwirt auf und machte sich weitgehend autonom an die Arbeit. Über den Tag hinweg hörten wir höchstens »Is des ein Scheißdreck« aus irgendeiner Ecke schimpfen, dann wussten wir, dass Werner dort gerade werkelte.

Werner schliff alle Türrahmen ab, damit der Maler sie nachher streichen konnte, er montierte Lampen in die Toiletten, besorgte ein Möbelstück, das als Servicetisch fungieren sollte – also eine Kommode, auf der die Kellner Utensilien wie Besteck, Karten, Essig und Öl bereitstellen –, schliff es ab, lackierte es neu, und selbiges machte er auch mit dem Stammtisch. Er schraubte oder bohrte oder schliff, schnitt sich in die Hand, schimpfte, schliff weiter und spannte auch gerne einmal andere Handwerker zur Hilfe ein. Wenn wir Glück hatten, den schönen Elektriker. Mit dem Spiegel im Herrenklo hat dann übrigens am Ende tatsächlich alles gepasst. Kein Mann hat sich je getraut, sich darüber zu beschweren.

Im Nachhinein muss man sagen, dass Werners Rente ein Riesenglück für Sonja war. Schon allein deswegen, weil der Klinglwirt sonst vielleicht immer noch so eine wahnsinnige Laser-Pinkelrinne im Klo hätte. Das muss man sich einmal vorstellen: In dem Männerklo war vorher eine Art gemauertes Bächlein am Boden und davor eine Lichtschranke. Stellte sich ein Mann dort hin und pinkelte, bemerkte es die Schranke, und dann kam Wasser in die Rinne. Ich glaube, es war für die Männer gar nicht so einfach, sich beim Pinkeln so hinzustellen, dass sie nicht nass wurden.

Hansi hatte diese Laserrinne einmal ausprobiert. Fazit: geht gar nicht. Dann hat Werner es auch probiert und kam zum selben Urteil. Aber das überzeugte den Hinz noch nicht, so ein Umbau ist schließlich nicht billig. Also drängte ihn Werner: »Jetz geh amal selber biesln, dann siegstas scho.« Das tat der Hinz, und danach rief er sofort irgendwen an und bestimmte, dass diese Rinne im Klo umgebaut wird. Darum gibt es heute im Klinglwirt zum Glück ganz normale Pissoirs, wie sie in Männerklos üblich sind.

Neben vernünftigen Toiletten haben die Gäste des Klinglwirts es auch Werner zu verdanken, dass sie im Winter nicht frieren müssen. Kurz vor der Eröffnung nämlich, als das meiste auf der Baustelle schon fertig war, gingen Werner, Sonja, der Hinz und ich miteinander durch den Gastraum, um alles zu inspizieren. Der Hinz war recht stolz auf den fertigen Umbau und referierte über Lüftungsrohre und F90-Decken. Plötzlich drehte sich Werner einmal im Kreis, sah in alle Ecken und fragte: »Wo sind denn hier eigentlich die Heizkörper?«

Da fiel es uns auch auf: keine Heizkörper. Nirgends. Das wäre im Winter eindeutig suboptimal.

Der Hinz schluckte, Sonja klappte der Kiefer hinunter, Werner grinste ein wenig, ich versuchte, mir das Lachen zu verkneifen, und in der nächsten Woche tanzte wieder ein neuer Handwerker an, der schnell, schnell ein paar Heizkörper einbaute.

»Wo sind die beiden denn eigentlich hin?«, fragte ich Sonja.

Wir saßen oben in der Küche vor einem Berg Pizzaschachteln und kämpften damit, noch nicht mit dem Essen anzufangen. Es gibt ja kaum etwas Fieseres, als mit Riesenhunger vor einem Haufen duftender Pizza zu sitzen, aber nichts davon nehmen zu können, weil die anderen gleich kommen und man höflicherweise gemeinsam essen sollte. Eigentlich wollten Werner und mein Freund aber schon vor einer halben Stunde hier sein. Also vielleicht doch langsam ein Stück stibitzen?

»Ich glaub, irgendwo ins Allgäu«, sagte Sonja.

»Ins Allgäu? Sind die da Safe-Experten, oder was?«

Sonja öffnete noch einmal die Schachtel mit der Gorgonzola-Rucola-Pizza und sah dabei aus, als wäre sie kurz davor, sich reinzulegen.

»Naa, den hat der Werner halt da von irgendwem abgekauft.«

Es war nämlich so: Im Klinglwirt sollte natürlich viel Geld verdient werden, und darum brauchte Sonja zwei Safes – einen unten im Lokal, in den die Kellner nach Dienstschluss die Tagesumsätze einwerfen sollten, und einen großen oben im Büro, in dem Sonja die Umsätze sammeln konnte, um mit dem Geld ein- oder zweimal in der Woche zur Bank zu fahren. Also hatte Werner einen Safe für das Büro auf eBay ersteigert – »hundertfünfzig Euro, des is ja fast gschenkt« – und an diesem Tag meinen Freund entführt, um ebenjenen ersteigerten Safe abzuholen. Mein Freund sollte beim Tragen helfen, Safes können ja oft ein bisschen schwerer sein.

Ehrlich gesagt, hatte ich mich schon gefragt, warum Werner für diese Aufgabe ausgerechnet meinen Freund um Hilfe bittet, der ist nämlich körperlich gesehen nicht gerade Arnold Schwarzenegger, sondern eher, na ja … er ist eher dünn und auch nicht wahnsinnig groß. Im Klinglwirt-Spiegel sieht er vermutlich gerade noch seine Nase. Und mit dem Rücken hat er es auch noch. Aber wahrscheinlich hatte Werner gerade keine tragende Alternative, und ich glaube auch, die zwei mögen sich ganz gerne.

Die beiden waren also schon vor Stunden in Werners silbernen Opel mit dem Anhänger gestiegen und Richtung Allgäu gedüst.

»Drriiiiiing«, brüllte die Türklingel.

»Na endlich.«

Sonja hüpfte vom Stuhl, machte die Tür auf, Werner und mein Freund trabten herein, beide breit grinsend.

»Wo isn der Safe?«

»Aufm Autoanhänger.«

Die beiden setzten sich, lachten, wir stürzten uns auf die Pizzas, und sie erzählten abwechselnd.

Zuerst einmal ist im Allgäu wohl nicht besonders viel los. Werner und mein Freund gurkten also eine Weile auf Feldwegen herum, und je länger sie fuhren, desto mehr kamen sie sich vor, als wären sie irgendwo im Mittleren Westen der USA, und warteten auf den obligatorischen Strohballen, der gleich von rechts ins Bild rollte. Werner hatte sich die Adresse zwar aufgeschrieben, aber das Haus, zu dem sie sollten, hatte gar keine Straße, sondern nur eine Nummer, und sie konnten ja schlecht alle Häuser im Allgäu durchzählen. Also fuhren sie irgendwann auf einen Hof, fragten nach dem Haus, doch keiner wusste etwas. Dann rief Werner den Safebesitzer an und …

»Jetzt, vielleicht geht auch die Schnellversion«, sagte Sonja.

Dafür, dass Werner und mein Freund sich am Küchentisch mittlerweile so in Rage geredet hatten und die ganze Zeit nur noch lachten, fanden wir die Geschichte bisher nur mäßig spannend. Die beiden gingen also zur Kurzversion über: Irgendwann standen sie endlich vor diesem Haus mit der Nummer, einem alten Sägewerk, und in einem kleinen Raum des Hauses stand der Safe, den Werner ersteigert hatte, auf einer Art Nachttisch. Der Safe steht da schon ewig, sagte der Mann vom Sägewerk in tiefstem Allgäuerisch, das nicht einmal Werner richtig verstand und mein Freund schon gar nicht.

Der Mann war so lang wie die Bäume, die man dort früher im Sägewerk zerlegt hat, erzählte mein Freund und deutete mit seinen Händen in den Himmel, nur noch viel, viel breiter, ein Schrank von einem Mann.

Das muss man möglicherweise im Vergleich sehen, dachte ich, beschloss aber, das nicht zu kommentieren, sonst kämen die beiden mit ihrer Geschichte ja nie zum Ende.

Der Safe jedenfalls war uralt und so groß wie ein Kühlschrank und aus Stahl. Den kriegt keiner auf, sagte der Mann vom Sägewerk, und Werner und mein Freund freuten sich, schließlich sollte das Geld, das Sonja einnimmt, auch sicher sein.

Sie gingen also zu dritt zu dem Safe und wollten ihn hochheben und zu Werners Anhänger tragen. Aber der Safe bewegte sich nicht. Der Sohn vom Sägewerk-Mann kam hinzu – der war noch viel, viel größer und breiter als sein Vater – und dann noch ein Freund von ihm, und sie ruckelten zu fünft weiter am Safe. Dann kam noch ein Nachbar dazu, und alle redeten durcheinander in Allgäuerisch, sodass Werner und mein Freund überhaupt nichts mehr verstanden. Der Safe bewegte sich immer noch nicht.

Irgendwann holte Werner Tragegurte aus dem Auto, die Männer schwangen sie um den Safe, sie hoben und schoben, und der Safe bewegte sich immer noch nicht. Dann beschlossen Werner und der Mann vom Sägewerk, dass sie den Safe wohl herunterkippen und hinausschleifen müssen. Die Männer schubsten, der Safe fiel, sie zogen ihn mit den Gurten nach draußen, endlich, dachte mein Freund da noch. Aber sie standen schon vor dem nächsten Problem: Wie kriegt man den Safe jetzt auf den Anhänger?

Großes Grübeln, dann holte der Nachbar einen Motorradheber, mit dem man sonst schwere Maschinen auf Lastwagen wuchtet, das klappte nicht. Dann holte der Nachbar einen Traktor, fuhr mit seinem Frontlader unter den Safe und hob ihn auf den Anhänger – und da war er nun.

»Und wie kriegen wir den Safe jetzt hier rauf?«, fragte Sonja.

Werner schaute ein wenig gequält.

»Ich glaub, gar ned.«

»Ach so.«

»Aiso, der Aufzug hält den ned aus, und rauftragen kömma den auf keinen Fall. Und ned dass der Safe dann hier durch die Decke bricht oder was.«

»Ach geh.«

»Naa, echt, der wiegt ja mindestens vierhundert Kilo.«

Mein Freund nickte.

»Ja, mindestens.«

»Und was machma dann damit?«

»Ja. Hm. I hob scho überlegt, ob ma den vielleicht unten neistellen kinna. Aber mir kriegen den ja ohne Frontlader ned über die Türschwelle.«

Ich grinste.

»Vielleicht könnts ihr den Anhänger direkt in die Küche reinfahren und dann einfach so stehen lassen.«

»Na, i glaub, der bleibt jetzt erst amal auf dem Anhänger, und i nehm ihn mit heim. Den kriang ma ned runter. Und dahoam schau ma dann weida.«

Der Safe stand noch ein paar Wochen bei Werner auf dem Anhänger, dann versteigerte er ihn weiter an einen

Jäger, der ihn in seiner Jagdhütte aufstellte, um darin Gewehre und Munition zu lagern, ebenerdig. Sonja kaufte Hansi seinen alten Safe ab, für 80 Euro. Den konnten sie zu zweit ins Büro tragen, wo Werner ihn mit unglaublich riesigen Dübeln an der Wand festschraubte. Das ist auch sicher.

Was wollen wir trinken, sieben Tage lang ...

Eigentlich müsste man an so einem Tag an die Isar fahren. Da könnte man sich auf einer Wiese einen Schattenplatz suchen, vielleicht unter einem Baum seine Decke ausbreiten und es sich mit Buch, Bier und Butterbreze gemütlich machen. Ab und zu würde man hinunter zum Kiesbett laufen, rein ins Wasser, untertauchen und wieder zurück in den Schatten. Natürlich könnte es dort an so einem Tag mitten im August – in Bayern Ferienzeit – ziemlich eng werden, bei 33 Grad stapelt sich da halb München. Aber immer noch besser, mit vielen Menschen an der Isar herumzuliegen, als viele schwere Kisten durch die glühende Sonne in Sonjas enge Küche zu schleppen. Bei uns stand aber leider Letzteres auf dem Programm, denn an diesem heißen Augusttag war Weinprobe.

Wir hatten ein paar Stangen Baguette gekauft, sie in kleine Scheiben geschnitten und in einer Holzschale auf Sonjas Küchentisch aufgestellt. Die brauchen wir, hatte der Weinhändler gesagt, um zwischen den verschiedenen Weinen den Geschmack zu neutralisieren. Ich füllte gerade Leitungswasser in eine Karaffe, da rief der Weinhändler auch schon an, ob wir hinunterkommen und ihm tragen helfen könnten. Wir kämpften uns also mit den großen grauen Styroporkisten über die Straße, keine ruckartigen Bewegungen, nicht dass die schönen Grauburgunder, Spätburgunder oder Veltliner kaputtgingen, schwitzten wie verrückt, und mein Gehirn sagte die ganze Zeit nur: Isar, Isar, Isar. Aber jetzt nix Isar, jetzt Weine probieren.

In der Küche angekommen, stellte der Weinhändler ein bauchförmiges, schwarzes Gefäß auf den Tisch, es sah ein bisschen aus wie eine Blumenvase mit Trichter.

»Hier spuckt ihr rein.«

Ich lachte.

»Ausspucken? Ist das nicht schad um den schönen Wein?«

Der Weinhändler zog die Augenbrauen hoch.

»Ihr werdet aber ganz schön viel Wein probieren. Und ihr solltet schon noch in der Lage sein, vernünftig zu urteilen.«

Also gut, dann halt ausspucken. Hansi, Sonja und ich setzten uns auf die Küchenstühle in einer Reihe hinter den Tisch, der Weinhändler drückte uns Stifte und Zettel mit Informationen zu den Weinen und den Einkaufspreisen in die Hand, wir sollten uns zu jedem Wein Notizen machen. Ich kam mir dabei ein bisschen vor wie in der Schule. Aber dann packte er Weingläser aus, stellte jedem eines hin, baute sich vor dem Tisch auf, zog die erste Flasche aus einer der Styroporboxen und hielt sie uns hin.

»Secco Carlo, hergestellt in der Pfalz im Weingut Karl Pfaffmann. Ein Secco rosé, aus den Rebsorten Spätburgunder und blauer Portugieser, mit besonders viel Kohlensäure. Eignet sich also wunderbar als Aperitif oder zum Trinken im Sommer.«

Ich hatte keine Ahnung, ob jemals ein Gast so einen Secco rosé bestellen würde – aber hmmmm, lecker. Wir gurgelten, spuckten aus und gurgelten wieder, jeder schrieb etwas auf seinen Notizzettel. Dann kam die nächste Flasche: Secco weiß. Der Weinhändler erzählte

von den Trauben, von der Kohlensäure, von den Wein-
gütern. Bei manchen Erklärungen hätte man glauben
können, er habe den Wein eigenhändig gekeltert, so
verliebt klang er. Und wie er einschenkte! So schwungvoll. Manchmal streichelte er sogar ein bisschen über die
Flaschen und schob behutsam einen Einschenkhelfer in
den Flaschenhals. Ich sah ihm fasziniert zu. Ob man den
Mann auch für eine Party buchen könnte?

Jetzt aber wieder konzentrieren: Noch einen Secco und
dann einen Sekt. Secco heißt auf Deutsch einfach Perlwein,
erklärte der Weinhändler, und hat weniger Kohlensäure
als Sekt. Der Sekt wiederum, den er uns einschenkte, war
eine Flaschengärung, also Kohlensäure hausgemacht wie
beim Champagner und nicht nachträglich zugesetzt. Wir
gurgelten, spuckten, schrieben auf. Dann diskutierten wir
über die Schaumweine, allerdings nicht sehr lange, denn
wir waren uns schnell einig, welche auf die Karte sollten
und welche nicht. Dann kamen die Weißweine: Referat
anhören, gurgeln, spucken, aufschreiben.

Sonja tippte währenddessen immer wieder etwas in
ihren Taschenrechner, notierte Zahlen auf den Weinzet-
teln, strich sie wieder durch, schrieb etwas Neues hin. Ich
lugte zu ihr hinüber.

»Was würde da denn jetzt ein Glas kosten?«, fragte ich
sie.

»Ich weiß nicht so genau. Die Flasche hier kostet sieben
Euro im Einkauf. Und die Faustformel sagt: Einkaufspreis
mal drei plus Mehrwertsteuer. Aber das hieße dann …«

»Na ja, ein Null-Einser-Glas wäre ein Euro, ich müsste
es also für rund drei sechzig verkaufen. Und null Komma
zwei dann …«

»… mehr als sieben Euro. Kann das sein?«

Wir sahen den Weinhändler an.

»Ja, also, da müsst man schaun, vielleicht kann man den auch als Flaschenwein verkaufen.«

Sonja tippte weiter, schrieb etwas auf. Irgendwann warf sie den Stift auf den Tisch und sah den Weinhändler an.

»Jetzt sag's doch einfach: Was kann ich für den Wein verlangen?«

Er wusste es auch nicht so genau.

»Weißt was«, sagte ich zu Sonja, »wir schaun morgen mal in andere Kneipen hier in der Gegend, was die so verlangen.«

»Ja genau. Konkurrenzbeobachtung.«

Sonja lächelte. Ich glaube, der Plan beruhigte sie ein bisschen.

Bei anderen Läden die Preise auszuspionieren hilft natürlich nur begrenzt, denn auf den Karten steht ja nicht drauf, was die für ihren Wein im Einkauf zahlen. Aber man bekommt wenigstens einen Eindruck davon, was die Getränke in der Gegend üblicherweise kosten und was man verlangen kann.

Nachdem wir diesen schlauen Plan gefasst hatten, ging es mit der Weinprobe lustig weiter: zuhören, trinken, gurgeln, nicht mehr so viel ausspucken, aufschreiben und dann entscheiden, welcher Weißwein auf die Karte soll. Als wir bei den Rotweinen ankamen, hatten wir das mit dem Ausspucken dann schon ganz vergessen. Aber die schmeckten alle gut! Genauer könnte ich das heute nicht mehr sagen, aber hmmm, richtig gut waren die. Die Entscheidungsprozesse, welcher Wein rausfliegen und welcher auf die Karte kommen soll, waren am Ende nicht mehr so glorreich. Vielleicht ist das mit dem Nicht-Ausspucken auch der Grund, warum heute im Klinglwirt so viele Rotweine auf der Karte stehen – wir haben nämlich einfach fast alle genommen.

Am nächsten Abend gingen wir in die Tapasbar gegenüber vom Klinglwirt. Das Restaurant mit den kleinen gelben Holztischen vor der Tür ist jeden Abend voll. Wir setzten uns in die Sonne und studierten die Karte: Hauswein rot 0,2 Liter: 5,20 Euro, Helles 0,4 Liter: 3,40 Euro. Einen Preis fürs Bier brauchten wir ja auch noch. Der Einkaufspreis stand hier immerhin schon fest: Sonja würde etwa einen Euro für den halben Liter Spaten oder Löwenbräu bezahlen, das war der Deal mit der Brauerei. Laut der Faustregel – 1 mal 3 plus 19 Prozent – müsste sie knapp 3,60 Euro verlangen. Sicher, diese Regel ist nicht in Stein gemeißelt, Gastronomen haben sie sich lediglich nach Erfahrungswerten ausgedacht, was heißt: Wer so viel draufschlägt, schafft es einigermaßen wirtschaftlich zu arbeiten. Schließlich muss Sonja auch noch Personal, Strom, Gas, Heizung und alles andere bezahlen. Aber – war das nicht doch ein wenig teuer? 3,60 Euro für eine Halbe, vielleicht sogar mehr?

Wir setzten uns also auch noch in ein bayerisches Restaurant in der Nähe, checkten die Preise und machten an fast jedem Abend der folgenden Woche weitere Exkursionen in Gaststätten, die eine ähnliche Karte oder ein ähnliches Publikum hatten, wie Sonja es sich für ihren Klinglwirt vorstellte. Danach setzte Sonja sich mit einem großen karierten Block auf die blaue Couch und malte die Getränkekarte für den Klinglwirt auf, immer wieder neu. Die Faustregel sei ja schön und gut, sagte sie, aber was nutze das, wenn das Bier beim Nachbarn 30 Cent billiger sei? Man muss im Viertel schließlich konkurrenzfähig bleiben. Am Ende beschloss Sonja, mit ihren Preisen ungefähr im Mittelfeld zwischen all den Nachbarkneipen zu landen. Es sollte bei ihr nicht teurer sein, als die Haidhausener üblicherweise zahlen würden, aber auch nicht zu billig, sonst sähe es aus, als würde es im Klinglwirt nur billiges Gelump geben, was Sonja nicht vorhatte.

Ich sah auf den Karoblock.

»Also Bier jetzt für drei Euro dreißig?«

»Ja. Für den Anfang schon.«

»Klingt auch am besten.«

»Das ist auch ein Grund, psychologische Preisbildung und so. Aber ich kann am Anfang eh nur so Pi mal Daumen Preise machen. Was ich wirklich für Essen und Trinken verlangen muss, seh ich ein paar Monate nach der Eröffnung. Dann muss ich halt nachjustieren.«

Dann erst könne sie abschätzen, erklärte Sonja, wie viele Gäste jeden Tag kommen, was und wie viel die essen und trinken, wie viel Personal sie tatsächlich jeden Tag braucht, wie viel Strom und Gas sie benötigt und alles andere, was sonst noch in die Preise einfließt.

Aber es müsse sich auch nicht für jedes Getränk immer rechnen, erklärte Sonja, es solle einfach nur am Ende des Monats genug übrig bleiben. Mit Essen zum Beispiel würde sie wohl nie besonders viel Gewinn machen, weil das Fleisch und der Fisch so teuer sind, dass man die Faustregel darauf gar nicht anwenden könne.

»Krass. Wie soll das denn dann gehen?«, fragte ich.

»Das geht schon«, sagte Sonja. »Und ist jetzt nicht total ungewöhnlich. Manche Restaurants machen mit Essen überhaupt keinen Gewinn. Da müssen das die Getränke reinholen.«

»Ja, aber trotzdem. Klingt jetzt nicht total beruhigend, oder?«

»Nö, aber so ist das halt. Ein anderes Fleisch kommt jedenfalls nicht infrage.«

Sonja lehnte sich in die Couch und schien zu überlegen.

»Schon komisch«, sagte sie, »früher, im alten Klinglwirt, konnten sich die einfachen Leut eben nur das Essen
leisten, das aus der Gegend kam. Heute braucht man
dafür Geld.«

Aber es sollte im Klinglwirt nicht nur Essen, Wein und
Bier geben, sondern auch anderes – zum Beispiel Schnaps.

Einer der Nachbarn vom alten Klinglwirt, der Zehatmoahof, ist ein großer Bauer, der vor allem Hühner hat.
Vor diesem Hof steht ein kleines, helles Holzhäuschen,
das ein bisschen wie ein Geräteschuppen aussieht, und
in dieses Häuschen kann man hineingehen und sich seine
Eier einfach herausnehmen. Das Geld dafür schmeißt man
dann in einen kleinen blechernen Briefkasten. Hin und
wieder machen die Leute vom Zehatmoahof aus ihren
vielen Eiern auch Eierlikör. Einen ziemlich guten, ehrlich
gesagt – dieser Eierlikör musste also her.

Sonjas Mama rief im Zehatmoahof an, erzählte vom
Klinglwirt und dass sie ihren Eierlikör dafür bräuchten,
viel davon. So richtig begeistert seien die Leute vom Hof
von der Idee nicht gewesen, erzählte Anna am Tag dar-
auf. Für die klang das nicht nach viel Geld, sondern nur
nach viel Arbeit. Anna konnte sie aber überreden, und
so schraubte der Zehatmoahof seine Eierlikörproduk-
tion nach oben. Als ihnen dann vor lauter Eierlikör die
Flaschen ausgingen, füllten sie ihn bald schon in alte
Mineralwasserflaschen ab. Anna telefonierte noch mehr
Bauern in der Gegend ab, bestellte hier und da ein paar
Schnäpse – Zwetschgenwasser, Williamsbirnenbrand,
Kirschgeist – und brachte hin und wieder welche zum
Probieren mit. Wir suchten aus und bestellten, abholen
und mitbringen würde Anna die georderten Flaschen.
Schnäpse waren also auch im Kasten.

Und dann kam der Tag, an dem das Bier da war, ungefähr zwei Wochen vor der Eröffnung. Der Laden glich immer noch mehr einer Großbaustelle als einem Lokal, an Gläser oder Tische war noch gar nicht zu denken, aber Hauptsache, das Bier war schon da.

»Vielleicht könnten wir auf der Straße einen Stand aufstellen und da ein bisschen Bier verkaufen«, sagte ich, als der riesige Löwenbräu-Lastwagen auf den schmalen Bürgersteig vor dem Klinglwirt fuhr.

»Auf jeden Fall werden wir nicht verdursten, bis wir endlich aufsperren können«, sagte Sonja grinsend.

Sonja hatte den Bestellzettel der Brauerei schon ziemlich früh bekommen, und zwar mit dem Hinweis: Es wär scho nicht schlecht, wennst jetzt glei amal deine Sachen orderst. Also bestellte sie: Helles, Weißbier, Dunkles, Becks, Spezi, Tafelwasser in Fässern, stapelweise Kästen Bügelbier, Mineralwasser in Flaschen, Mirinda, Pepsi – Getränke für insgesamt 2800 Euro. Der Bierfahrer kurbelte alles per Bieraufzug in den Keller, wir rollten und schoben die Fässer und Kisten in die Kühlung. Ein paar Tage später kamen die Schankanlagentechniker, kontrollierten die Schläuche, schlossen alles an, und dann bekamen wir einen Schankkurs.

Wir holten ein paar Kisten mit Gläsern aus dem Keller nach oben – die hatte die Brauerei auch mitgeliefert –, entfernten so gut es ging den Baustellendreck von der Theke, und dann versammelten sich die Techniker, viele der künftigen Service- und Barleute, Hansi, Sonja und ich um die Zapfhähne und ließen uns vom Biersommelier der Brauerei erzählen, dass wir beim Einschenken auf keinen Fall den silbernen Zapfhahn ins Bier halten dürften, weil das unhygienisch sei. Wir lernten auch, dass ein ideal eingeschenktes Bier wie folgt aussieht: Die Schaumkrone beginnt einen Zentimeter unter der 0,5-Liter-Marke, wenn der Schaum zusammenfällt, ergibt das genau den halben Liter, und außerdem sieht das Bier so am besten aus. Also Bier gut einschenken, ein paar Sekunden stehen lassen, dann noch einmal ein Zapfer drauf, so wird die Schaumkrone fest, und der Schaum steht schön über das Glas hinaus.

Vom Biersommelier erfuhren wir außerdem, dass die Fässer immer mindestens zwei Tage in der Kühlung stehen müssen, bevor angezapft wird, damit das Bier auch richtig durchgekühlt ist. Mit der Temperatur sei es nämlich so: Fünf Grad hat das Bier in der Kühlung – das müssten wir natürlich regelmäßig überprüfen –, wenn es durch die Leitungen nach oben geflutscht ist, hat es noch sechs Grad, und bis es beim Gast am Tisch ist, hat es sieben Grad, und so muss es auch sein, sagte der Biersommelier, der nach diesem Schankkurs den Spitznamen Bierphilosoph bekam und später ein eifriger Stammgast im Klinglwirt wurde. Der Bierphilosoph steckte ein Spezialthermometer ins Weißbier – pieps –, na, das hat jetzt schon acht Grad, also Kühlung runterdrehen. Wir mussten alle in den Keller, und die Techniker zeigten uns, wo das Rädchen für die Temperatur ist, wie man ein Fass ansticht und die Kohlensäureflaschen anschließt. Anschließend sagte der Bierphilosoph, dass die Schankanlage alle zwei Wochen gewartet werden müsse, woraufhin Sonja erst einmal die Augen aufriss. Stimmt, die Schankanlage reinigen lassen müsste sie auch. Aber wer sollte das machen, und was würde das wieder kosten? Kein Problem, sagte der Bierphilosoph, er wisse da jemanden. Wir marschierten alle zusammen wieder nach oben hinter die Bar, die Techniker zeigten uns, aus welchem Hahn jetzt welches Bier floss – und dann war es endlich so weit. Sonja durfte das erste Bier anzapfen, in ihrem eigenen Laden. Zwar unter strenger Beobachtung des Bierphilosophen, aber es war schon ein bisschen feierlich. Als sie den ersten Schluck nahm, haben sogar alle applaudiert. Das Bier lief, was brauchte man mehr?

Leddariddemhiddya

Eigentlich saß ich nur auf dieser Mauer, um ein bisschen Zeit totzuschlagen. Drinnen, im Muffatcafé, war nämlich noch nichts los. Auf den Stühlen beim Fenster hingen vielleicht fünf oder sechs Typen herum, klammerten sich an ihre Bierbecher, zwei Barkeeper standen gelangweilt hinter der Bar. Nur der Torni war schon in Action und legte eine Platte nach der anderen auf einen der Plattenspieler. Die Musik war super, wie immer donnerstags, wenn im Muffatcafé die Clubnacht mit dem schönen Namen Leddariddemhiddya war, was so viel heißt wie »Let the Rhythm hit you« und mit einem alten Raplied von Eric B. & Rakim zu tun hat. Es gab Rap, ein wenig Funk, manchmal ein bisschen Soul. Trotzdem steppte auf der Tanzfläche noch nicht gerade der Bär. Es war vielleicht auch noch ein bisschen früh, meistens kamen die Leute erst um zwölf oder eins. Ich holte mir also ein Bier von der Bar und setzte mich dann draußen auf die kniehohe Mauer gleich rechts, wenn man die Eisentreppe vom Café hinuntergeht. Das Muffatwerk ist ein Veranstaltungsort mit großer Konzerthalle, kleiner Konzerthalle, Biergarten und kleinem Café für Clubnächte. Das alles war früher einmal ein Dampf- und Wasserkraftwerk, darum fließt immer noch mit lautem Getöse der Auer Mühlbach unter der Halle hindurch.

Ich nippte von meinem Bier, hörte dem Bach zu und beobachtete die Leute, die vor dem anderen Gebäude

herumstanden. Vielleicht fand da heute eine Diavor-
führung von diesem Reisemenschen statt; das Publikum
wirkte schon ein wenig älter, und sie sahen alle nicht so
aus, als würden sie heute noch dick um die Häuser ziehen.
Eher Weintrinken und über Hochgeistiges diskutieren.
Ein paar Frauen standen im Kreis vor dem Geländer zum
Auer Mühlbach, und eine von ihnen kämpfte anscheinend schwer damit, ihre Absätze nicht in der Holzterrasse
zu versenken. Höhö.

»Hey.«

Plötzlich stand ein Mädchen vor mir.

»Du bist doch auch immer hier am Donnerstag, oder?«,
fragte es.

»Ja«, sagte ich. »Oft.«

Das Mädchen setzte sich neben mich auf die Mauer,
kramte in seiner Jackentasche herum, zog Zigaretten heraus und zündete sich eine an. Es sah aus wie die meisten
Mädels, die donnerstags immer hierherkamen – einfach
ganz normal und nicht so aufgebrezelt. Das Mädchen
hatte braune kurze Haare, trug Turnschuhe und war auch
sonst eher gemütlich gekleidet, Jeans, T-Shirt, Jeans-
jacke. Oder vielleicht war es auch eine schwarze Lederjacke, so genau weiß ich das nicht mehr – schließlich ist
das 13 Jahre her.

»Wie heißt du denn?«

»Maria. Und du?«

»Sonja.«

So war das damals, und von da an waren Sonja und
ich Freundinnen. Das heißt, die Freundschaft hat sich erst
über die Zeit entwickelt, quasi schleichend, aber an diesem Abend haben wir uns kennengelernt. Wir saßen noch
ein wenig auf der Muffat-Mauer herum und unterhielten
uns. Über meine Ausbildung, glaube ich, ich weiß näm-

lich noch, dass Sonja sich damals überlegt hatte, vielleicht auch Hotelfachfrau zu lernen. Ich war 19, gerade mit meiner Lehre fertig und hatte einen Job in München angefangen. Damals muss ich eigentlich schon kurz davor gewesen sein, den wieder hinzuschmeißen, denn ein paar Monate später bin ich zur Berufsoberschule gegangen, um mein Abitur nachzumachen. Sonja war 23. Sie hatte zwei Jahre zuvor ihr Abi auf der Fachoberschule gemacht, jobbte seitdem in verschiedenen Kneipen und Restaurants und überlegte: Ausbildung oder Studium? Sie wusste nicht recht wohin, aber das Kellnern und Einschenken machte ihr Spaß.

Irgendwann wanderten immer mehr Menschen an uns vorbei in Richtung Café, Sonja und ich verließen unsere Mauer und gingen auch hinein. Wir tanzten, tranken Bier und quatschten mit den anderen, die auch immer kamen. Am nächsten Donnerstag trafen wir uns wieder im Muffatcafé und eine Woche später noch einmal, und dann verabredeten wir uns zum Pizzaessen. Das war das erste Mal, dass ich jemanden eine Pizza mit Gorgonzola und Rucola essen sah. Ich fand das total schräg. Mittlerweile bin ich auch Gorgonzola-Rucola-Esser.

Ab und zu trafen Sonja und ich uns auch in anderen Clubs, wenn dort ein guter Hip-Hop-DJ auflegte, oder wir gingen zusammen auf Konzerte oder auf irgendwelche Feste. An irgendeinem dieser Abende erzählte ich, dass ich umziehen wolle, vielleicht in eine WG. Ich auch, sagte Sonja, und wir beschlossen, uns zusammenzutun. Wir gaben Suchanzeigen auf, lasen Hunderte Wohnungsinserate, schauten uns einige völlig heruntergekommene Wohnungen an und fragten alle Leute, die wir kannten, ob sie von einer freien Wohnung wissen. Schließlich war es ein Türsteher aus dem Muffatcafé, von dem wir den entscheidenden Tipp bekamen. Ein Freund von ihm ziehe aus dieser riesigen Wohnung in der Tegernseer Landstraße aus, da an dem Platz mit dem komischen Wasserhahnbrunnen, vielleicht ist das was für euch, sagte er. Wir sahen uns die Wohnung an: Sie war tatsächlich riesig, 135 Quadratmeter, wahnsinnig hohe Decken, fünf Zimmer, Balkon zum Innenhof, Bad, insgesamt zwei Klos und ein extra Raum, nur für Waschmaschine und Wäscheständer. Sie war zwar ein wenig abgewohnt, aber wir wollten die Wohnung haben – unbedingt. Wir mussten die Vermieter ein bisschen überreden, aber wir bekamen sie.

An einem Donnerstag im Muffatcafé fragten wir Matt und Tom, die auch immer da waren, ob sie nicht mit einziehen wollen. Ende 2002 schleppten wir vier schließlich unsere Umzugskisten in die Wohnung in der Tegernseer Landstraße.

Fast fünf Jahre haben wir dort gewohnt, und ich glaube, diese Zeit ist maßgeblich dafür verantwortlich, dass Sonja und ich manchmal diese Dinge tun, die sonst nur alte Ehepaare machen: Die Sätze des anderen beenden, über eigenartige Running Gags lachen, die sonst niemand außer uns witzig findet, und manchmal mit einem Blick alles sagen können.

Erschwerend kommt hinzu, dass wir die meiste Zeit über nicht nur zusammengewohnt, sondern auch in derselben Kneipe gejobbt haben und ständig zusammen auf Partys oder in Clubs gepilgert sind. Wir sind auch gemeinsam in den Urlaub gefahren, und wenn eine mal für eine Weile aus München wegging, kam die andere nach. Sonja verbrachte zum Beispiel ein Erasmussemester in Rom, sie hat so einen Italientick und spricht auch fließend Italienisch. Vielleicht hat das mit ihrem Exfreund zu tun, ich weiß es nicht genau. Ich also nach Rom: Luftmatratze auf den Boden, Kolosseum, Pizza mit Sardellen, römische Clubs. Ich ging nach dem Studium für ein paar Monate nach New York, um den Amerikanern in einem bayerischen Restaurant massenweise Bier und Schweinshaxen zu servieren. Ich habe so einen New-York-Tick. Vielleicht hat das mit meiner Liebe zu dieser Rap-Musik zu tun, ich weiß es nicht genau. Sonja also nach New York: Luftmatratze ins Wohnzimmer, Empire State Building, Fifth Avenue, Hip-Hop-Clubs in Brooklyn.

Kurz gesagt: Sonja und ich haben ziemlich viel Zeit miteinander verbracht, und es ist einfach so, dass wir uns unheimlich gut ergänzen. Sonja ist diejenige, die immer die Ruhe weg hat und über vielen Dingen steht. Man könnte auch sagen, sie hat den Spruch ihres Papas, dass es einem am liebsten wurscht ist, verinnerlicht.

Für mich ist das ein Segen. Ich weiß nicht, ob ich nicht schon längst gegen eine Wand gelaufen wäre – in der Zeit meiner Diplomprüfungen zum Beispiel, wo ich ständig auf hundertachtzig war, oder bei Auftritten mit der Band oder wenn irgendwelche Leute wieder ihre Weisheiten übers Heiraten und Kinderkriegen loswerden mussten, dass man da schon aufpassen müsse, um nicht überzubleiben –, wenn Sonja nicht immer wieder gesagt hätte: »Geh, scheiß einfach drauf. Hauptsache, mir wissens.«

Und Sonja? Ich glaube schon, dass sie sich von meinem Aktionismus manchmal mitreißen lässt. Von meinen Listen und Tagesablaufplanungen und meiner Jetzt-sofort-anrufen-und-das-besprechen-Mentalität. Wer weiß, ob sie sonst heute schon mit dem Studium fertig wäre.

Über die Jahre haben wir uns auch immer wieder durch die schiefgelaufenen Beziehungen der jeweils anderen gehievt. Ich kann mir schon vorstellen, dass es für unsere jeweiligen Freunde gar nicht so leicht war, in eine so eingeschworene Gemeinschaft dazwischenzugrätschen. Wobei, vielleicht sollte ich einmal meinen Freund fragen, wie er das sieht, er hat ja schließlich auch seinen Platz gefunden. Aber im Grunde hilft es nichts, da müssen die Männer durch. Sonja und ich sind eben unschlagbar.

»Du Maria, ich hätt da noch einen Auftrag für dich.«

Wir saßen am Stammtisch auf der Eckbank, hinter uns die großen Fenster zur Balan- und zur Rablstraße, vor uns der immer mehr einem Lokal ähnelnde Klinglwirt. Seit Werner den Stammtisch und der Eckbankschreiner die Eckbank fertiggebaut hatten, entwickelte sich der Stammtisch in der Baustellenphase mehr und mehr zu unserem Bürotisch. Vor uns lagen Berge an Zetteln, Zeitpläne für die nächsten Tage, die Fragebögen der Küchenbewerber und dazwischen verteilt ein paar Tassen mit Espresso. Es war kurz vor acht, Hansi war noch schnell zum Metzger gelaufen, um uns ein paar Leberkässemmeln und Kartoffelsalat zu holen.

»Soll ich die Kronleuchter abstauben?«

»Nein. Ganz was anderes. Es geht um die Musik.«

»Was ist mit der Musik?«

»Wir haben noch keine.«

»Stimmt.«

»Könntest du dich darum kümmern?«

»Klar. Wie willst das denn machen?«

»Ich hab mir gedacht, vielleicht machen wir eine Art Musikplan, sodass jeden Tag etwas anderes läuft. Ein Tag bayerisch, ein Tag Swing, ein Tag Gitarrenmucke oder so.«

Ich dachte kurz nach.

»Ich könnt erst mal eine Festplatte kaufen und dir

meine Musik darauf speichern. Dann könnt ihr von der Festplatte aus jeden Tag auflegen.«

»Super. Machst du das?«

»Klar, ich schreibs auf.«

Ich kritzelte auf einen der vielen Zettel: Festplatte besorgen + Musik auftreiben. Dann grinste ich Sonja an.

»Aber donnerstags muss Hip-Hop laufen.«

Sonja lachte.

»Sowieso.«

Lassen Sie einfach Ihre Karte hier

Wir konnten fast jeden Tag darauf warten. Irgendjemand stand immer plötzlich im Laden oder klopfte ans Fenster oder schrieb eine E-Mail oder rief an. Meistens aber kamen sie gleich persönlich vorbei, mit einer Ledertasche oder einer Kühlbox oder einem Stapel Kataloge in der Hand: die Vertreter. Sie waren oft schick angezogen, die Männer im Anzug oder wenigstens mit Hemd in der Jeans, die Frauen im Hosenanzug mit hohen Schuhen, sie grinsten vom linken bis zum rechten Ohr, riefen mit lauter Stimme durch die Baustelle: »Grias eich, wo isn der Chef?«

In diesen Situationen war die Sache mit dem Unterschätztwerden mal von Vorteil, denn wenn Sonja gerade keinen Nerv hatte, sich Tiefkühltorten oder Papierspender andrehen zu lassen, sagte sie: »Der ist grad einkaufen.«

»Ah. Wann is der denn wieder da?«

»Kann man immer schwer sagen. Lassens doch einfach Ihre Karte hier, dann ruft er zurück.«

Zack, erledigt.

Zu Beginn setzte sich Sonja mit den Vertretern noch hin und ließ sich etwas erzählen. Das tat sie aber eher aus Höflichkeit, glaube ich, und sie hörte auch recht bald wieder damit auf. Denn selbst wenn sie schon fünfmal nachdrücklich gesagt hatte: »Danke, ich brauch keine vollautomatische Superdüsenantrieb-Kaffeemaschine für sechstausend Euro«, ließen die Vertreter nicht locker.

»Was, nicht? Oh, da wirst dich umschauen«, sagten sie dann und schüttelten den Kopf, mit so einem Kopfschütteln, mit dem sie sagen wollten: Madel, du hast ja offensichtlich überhaupt keine Ahnung. Am Ende hatte Sonja dann nur einen Haufen Zeit mit dem Vertreter vertan und zerbrach sich manchmal noch zwei Tage lang den Kopf darüber, ob sie das Ding nicht vielleicht doch brauchte, nur um am Ende wieder zu merken: Braucht ma ned.

Fairerweise muss man sagen, dass hin und wieder auch Vertreter dabei waren, die etwas Brauchbares im Angebot hatten: zum Beispiel der Feuerlöscher-Warter, der Lesezirkel-Mann oder einer der Versicherungsvertreter. Laut Vertrag mit der Brauerei musste Sonja schließlich eine ganze Palette an Versicherungen abschließen.

Doch die für Sonja brauchbaren Angebote waren eindeutig die Ausnahmen, wenn man sich anschaut, wer sonst noch alles ankam: die Plakataufhänger und die Handtuchrollenverkäufer, die Hygieneartikelkastenaufhänger und die Mitnehmkartenaufsteller, die Weinanbieter und die Online-Billigangebote-Verhökerer und die PR-Menschen und, und, und.

Da fragt man sich schon, woher die eigentlich wissen, dass wieder ein neuer Laden in der Stadt aufmacht. Vielleicht haben sie einen sechsten Sinn dafür, so wie die Straßenverkäufer in Rom fürs Wetter. Die scheinen auch immer auf die Minute genau zu wissen, ob es gleich Regen oder Sonnenschein geben wird, um dann je nach Wetterlage Sonnenbrillen oder Regenschirme zu verkaufen.

Von den PR-Menschen kamen viele in den Klinglwirt, und zwei von ihnen waren besonders hartnäckig: Nachdem sie schon mindestens dreimal da gewesen waren und Sonja ihnen jedes Mal gesagt hatte »Brauch ma ned«, fragten sie trotzdem hintenherum noch einmal bei der Brauerei an. Die Leute von der Brauerei meinten es gut und wollten Sonja beim Werbungmachen helfen, also vereinbarten sie mit den beiden PR-Nervensägen einen Termin. So schlüpften Sonja, der Brauereimensch und ich eines Nachmittags wieder auf die schmale Eckbank am Hochtisch und ließen uns von den zwei PRlern – die so verschlafen dreinguckten, dass wir ihnen später den Spitznamen Schäfchen gaben – ihre Werbetexte zeigen, uns von ihnen erzählen, wen sie bei der Presse alles kennen und warum es ohne ihre Hilfe und Connections gar nicht klappen könne, so einen Laden wie den Klinglwirt in die Köpfe der Leute zu bekommen – »Mei, da werds euch umschauen, da gab's schon welche, die meinten, sie könnten es ohne uns schaffen, aber dann kamen sie irgendwann doch wieder an und bettelten um Hilfe.« Die Kosten wollten sie natürlich in unserem speziellen Sonderfall reduzieren. Auf 1800 Euro.

Mein Mund klappte herunter.

»Tausendachthundert Euro? Und dafür schreibts ihr eine Pressemitteilung und schickt sie an euren Verteiler? Das kann doch nicht länger als zwei Stunden dauern.«

»Ja, na ja«, drucksten sie herum. Es gehe ja vor allem darum, dass sie sich über Jahre hinweg diese Datenbank mit allen Presseleuten aufgebaut hätten, und man kenne sich und überhaupt. Darum würden sie auch in praktisch jede Zeitung einen Artikel reinkriegen. »Gut, jetzt vielleicht nicht gleich in die ›Süddeutsche‹«, sagte der eine, aber sonst schon in ziemlich alle. Jedenfalls ohne sie: keine Chance.

»Wir denken drüber nach«, sagte Sonja, die PR-Menschen rutschten von der Eckbank, schlurften zur Tür hinaus, und der Brauereimensch sah uns an.

»Was meint ihr?«

»Also ich find das echt viel Geld für ein paar Werbe-texte, die womöglich noch nicht mal gut sind«, sagte ich.

Sonja war auch nicht begeistert.

»Man kann mit so was auch viel kaputt machen, wenn die das schlecht machen und nervige Werbetexte verschi-cken. Also nein, eigentlich will ich das nicht.«

»Also gut«, sagte der Brauereimensch, »dann halt nicht.«

Ein paar Tage später, die Brauerei hatte inzwischen Tische, Stühle und Barhocker geliefert, saßen wir auf Letzteren vor dem Tresen. Die Handwerker hatten schon Feierabend gemacht, draußen war es fast dunkel, und wir knipsten wie jeden Abend alle Lampen an, die es im und am Klinglwirt gab – auch eine gute Werbung, sagte Sonja. Tatsächlich blieben viele Passanten neugierig ste-hen und spähten durch die Fenster, um zu sehen, was bei uns los war. Sonja hängte daraufhin Zettel ins Fenster: »Bald geht's los mit dem Klinglwirt« – wir wurden trotz-dem beobachtet. Manche gingen schnell weiter, wenn sie uns grinsen sahen, andere winkten uns zu, wir winkten zurück. An diesem Abend aber schauten wir konzent-riert auf Matts Entwürfe der Visitenkarten, Hansi hatte die Musikanlage in Betrieb genommen, wir hörten Jonny Cash und tranken Bier.

Da klopfte es ans Fenster.

Kommen die Vertreter jetzt auch schon mitten in der Nacht, fragte ich mich. Matt machte das Fenster auf, kam zurück und sagte: »Sonja, geh mal hin, der ist von der ›Süddeutschen‹.«

Sonja ging zum Fenster, nach ein paar Minuten kam sie zurück.

»Der hat gefragt, wann wir aufmachen. Sie würden gern drüber schreiben, also eine Kollegin von ihm würde das machen wollen.«

»Cool. Die kommt vorbei oder wie?«

»Ja, sie will sich melden. Ich hab ihm meine Handy-nummer gegeben.«

Am nächsten Tag rief die Journalistin an, am über-nächsten stand sie Punkt 15 Uhr im Laden. Eine Frau um die vierzig, dunkelblonde Haare, knielanger Rock, hohe Schuhe. Sie begrüßte uns alle freundlich, sah sich kurz um, setzte sich mit Sonja an einen Tisch, und dann redeten sie und redeten. Ich putzte währenddessen alle Fächer im Schrank hinter der Bar und die Kühlzüge und die Theke – wir wollten bald die Getränke und Gläser einräumen –, dabei hörte ich Sonja vom alten Klinglwirt erzählen, von selbstgemachtem Essen mit guten Zutaten, vom Musik-konzept. Ich wischte und lauschte. Sonja kam zur Bar, holte eine Flasche Eierlikör und zwei Gläser, lächelte mich etwas nervös an, ging zurück zum Tisch, dann rede-ten sie wieder und lachten. Ich verstand nur Wortfetzen. Irgendwann gingen die beiden zur Tür, gaben sich die Hand, sagten höflich auf Wiedersehen, und die Journalis-tin war wieder weg.

»Und?«, fragte ich Sonja gespannt.

»Ja. Puuh.«

Sonja atmete langsam aus.

»War ganz gut, glaub ich. Sie mochte den Eierlikör.«

»Super.«

»Sie will den Artikel am Eröffnungstag bringen.«

»Cool.«

Sonja setzte sich auf einen Barhocker, zupfte am Ärmel ihres Pullis herum, zog einzelne Fäden heraus und zer-knüllte sie zwischen den Fingern. Das macht sie immer, wenn sie nervös ist.

»Alles gut?«, fragte ich.

»Sag mal, ich hab ja wirklich viel erzählt.«

»Ja, hab ich gemerkt.«

»Zu viel?«

»Keine Ahnung, warum?«

»Na, ich weiß nicht. Ich hab auch von der Brauerei erzählt, von Imageproblemen in München und so.«

»Ja und? Weiß doch jeder.«

»Ja, aber meinst, dass ich da Ärger krieg?«

»Von wem?«

»Von der Brauerei.«

»Ach Schmarrn. Du hast doch nicht gesagt, Augustiner wär mir lieber gewesen, oder?«

»Nein, natürlich nicht.«

»Na also. Das passt schon. Außerdem will die dich doch nicht zerfleischen. Die schreibt einfach einen Artikel über ein neues Restaurant, das in der Stadt aufmacht, über den Klinglwirt. Mach dir keine Sorgen.«

Aber das Gutzureden half nur wenig: Sonja machte sich die ganzen nächsten Tage Sorgen: Habe ich zu viel Internes erzählt, was niemanden etwas angeht? Bin ich überhaupt zu freimütig, weil ich immer alles erzähle? Was, wenn ich kein gutes Bild abgegeben habe und gleich am Anfang ein negativer Artikel in der »Süddeutschen Zeitung« erscheint? Die wird immerhin von sehr vielen Menschen gelesen. Ist dann gleich alles beim Teufel, und wird überhaupt nie jemand in den Klinglwirt kommen? Kann ein einziger Artikel so viel ausrichten?

Sonja zerbrach sich den Kopf, aber es half alles nichts: Um Antworten auf all diese Fragen zu bekommen, mussten wir warten, bis der Artikel erschien.

»Aber wann dann?«

Ich blätterte im Kalender eine Seite zurück, Hansi zog an seiner Zigarette, Sonja schaute auf den Stammtisch.

»Wir müssen jetzt mal ein Datum festlegen«, sagte ich.

»Aber es fehlen so viele Sachen. Es gibt noch keine Getränkekarte, die Gläserspülmaschine geht nicht, im Klo hängen noch nicht mal Lampen.«

»Und wir haben noch kein Gas in der Küche. Ich muss den Ofen aber vorher mindestens drei Tage lang testen.«

»Die Gasleute kommen am Dienstag, die Spülmaschinenleute am Montag. Alles andere besorgen wir halt. Und zwar jetzt!«

Sonja und Hansi stöhnten.

»Himmel, es wird nie perfekt sein. Aber wir brauchen jetzt ein Datum, sonst schieben wir das ewig weiter raus und machen am Ende nie auf.«

»Also gut.«

Sonja sah auf den Kalender.

»Nächsten Freitag. Das ist der 26. August.«

Ich sah mit auf den Kalender. Heute war auch Freitag – wir hatten also noch sieben Tage.

»Ja. Klingt machbar.«

Hansi seufzte.

»Wenn ihr meint. Aber das wird nix, wenn ich bis dahin kein Gas hab.«

Wir nickten.

Und damit war es abgemacht: In einer Woche sollte der Klinglwirt eröffnen.

»Dann gehen wir jetzt die Liste von den Bezirksinspekteuren durch. Am besten, wir teilen unter uns auf, wer noch was erledigt.«

Am Morgen waren nämlich zwei Frauen vom Kreisverwaltungsreferat da gewesen. Das war das Amt, das Sonja letztlich die Gaststättenkonzession geben sollte, also die Genehmigung, Bier auszuschenken. Ohne deren Erlaubnis: keine Eröffnung. Sonja hatte dort angefragt, ob sie jemanden zu einem Vorabtermin vorbeischicken könnten, der ihr sagen würde, was noch gemacht werden müsse, damit zum endgültigen Termin das Lokal in einem vorschriftsmäßigen Zustand ist. Das Amt hatte die zwei Damen geschickt: Sie kamen, sahen sich um und zählten Sonja einige Dinge auf, die sie noch verändern oder besorgen müsste.

Sonja hatte sich alles aufgeschrieben, und da saßen wir nun mit dem Zettel.

»Also, noch zwei Feuerlöscher anbringen. Könnte der Werner machen. Fliegengitter an die Küchenfenster. Auch Werner. Jugendschutzgesetz gut sichtbar aufhängen. Das mach mal ich. Und dann noch der Tischplan.«

»Was ist das denn?«, fragte ich.

»Wir müssen einen Plan zeichnen, wie die Tische und Stühle stehen sollen, und genau so muss dann alles aufgestellt werden.«

»Ah, okay. Das machst dann wohl du.«

»Dann die Punkte für die Außenbestuhlung auf den Gehsteig malen. Hansi?«

»Mach ich.«

Die Sache mit der Außenbestuhlung ist in München nämlich genau geregelt: Als Gaststättenbetreiber kann man seine Klapptische und -stühle nicht einfach wie es einem gefällt vor seinem Lokal platzieren und den ganzen Bürgersteig blockieren. Da könnte ja jeder kommen. Es ist exakt vorgeschrieben, wie weit die Bestuhlung von der Hauswand weg auf den Gehsteig ragen darf, und um das zu kennzeichnen, werden Punkte auf das Pflaster gemalt – damit auch jeder gleich sehen kann, wenn mal ein Gast seinen Stuhl zu weit rausschiebt.

So ging das noch eine ganze Weile weiter, und damit niemand vergaß, wofür er zuständig war, schrieb ich jedem eine To-do-Liste auf einen Bierdeckel. Von dem Tag an machten wir jeden Abend eine Bierdeckelsitzung. Wir überprüften, was schon erledigt war, ich schrieb für jeden einen neuen Bierdeckel, den er am nächsten Morgen ausgehändigt bekam. »Du immer mit deine Bierdeckel«, sagte Werner jeden Morgen zu mir und schüttelte grinsend den Kopf. Egal, ich fand das mit den Bierdeckeln praktisch. Man verliert sie im Putz- und Baustellenchaos einfach nicht so schnell wie einen Zettel, und letztlich haben sie ja auch funktioniert.

»Wenn wir das alles bis Dienstagabend fertig kriegen, kannst du den Termin mit den Bezirksinspekteuren für Mittwoch machen. Dann machen wir Donnerstag alles startklar, und Freitag wird aufgemacht.«

»Hm-m.«

Wir starrten auf unsere Bierdeckel. Ein wenig mulmig war mir dabei schon zumute, es war noch viel zu tun. Aber ich hatte jetzt genug von Baustelle und theoretischen Plänen. Jetzt musste etwas passieren.

»Gut, ich mach den Termin für Mittwoch«, sagte Sonja, und von dem Moment an waren wir alle wie auf Speed.

Jeder wuselte jeden Tag irgendwo mit seinem Bierdeckel in der Hand im Laden herum und arbeitete ab, was darauf stand. Ich putzte alle Fugen und Dichtungen und wischte die Kühlräume trocken, damit es keinen Schimmel gab. Sonja malte Pläne, programmierte die Kellnerkasse, die sie gerade erst von einem Computerhändler gekauft hatte, und sammelte von allen, die in der Küche arbeiten würden, Gesundheitszeugnisse ein. Matt brachte Fotos vom alten Klinglwirt – von Sonjas Uropa, der Familie, von Festen, vom Haus – in eine Druckerei, ließ sie vergrößern, kaufte auf dem Flohmarkt alte Bilderrahmen und passte die Fotos ein. Anna spülte alle Gläser, Teller und das Besteck durch, und gemeinsam räumten wir alles in die Regale in der Küche und hinter der Bar. Werner schraubte Lampen im Klo an, hämmerte Fliegengitter an die Küchenfenster, besorgte Ketten, Werkzeuge, Sprühdosen und Entkalker. Hansi schnitt einen Kreis in einen Karton, maß vom Bürgersteig einen Meter dreißig ab – so viel Platz durfte Sonja für ihre Außenbestuhlung haben –, sprühte rundherum Punkte auf den Boden, und als es endlich Gas gab, stellte er sich in die Küche und kochte probeweise Bratkartoffeln und Schweinebraten.

Dienstag schraubten wir bis spät in die Nacht Lampen an die Wände, spülten das restliche Geschirr, schrubbten die Küche, hämmerten Bilder an die Wand, checkten noch einmal die Liste durch, dann gingen wir ins Bett. Ich glaube, in dieser Nacht hat keiner von uns gut geschlafen.

Die Inspekteure kamen um neun Uhr. Sonja öffnete die Tür, und eine ganze Horde von Menschen kam herein. Zumindest wirkte es so, denn in Wirklichkeit waren es nur fünf: die zwei Frauen von der Bezirksinspektion, der Hinz, der Brauereimensch und noch irgendwer. Sie liefen mit Klemmbrettern durch die Räume, Gastraum, Toiletten, Küche, Keller, Kühlhäuser. Immer wieder blieben sie stehen, notierten sich Dinge auf ihren Klemmbrettern, machten hier und da Kreuze in Formulare.

War das nun gut oder schlecht? Sie sagten kaum etwas.

Hansi, Sonja und ich zogen schweigend hinterher. Mein Herz klopfte unheimlich laut, Sonja zog an einem Faden ihres Pullovers, Hansi sagte gar nichts mehr.

Dann standen wir alle wieder im Gastraum, im Kreis neben dem Tresen. Die Inspekteurinnen machten sich immer noch Notizen, es kam mir vor wie Stunden. Ich starrte auf eines der Klemmbretter, Sonja stand wie gelähmt an der Bar. Die Kontrolleure schrieben.

Dann hob eine der Inspekteurinnen ihren Blick vom Klemmbrett hoch und sah Sonja an. »Herzlichen Glückwunsch. Sie kriegen die Zulassung.«

Sie nahm ein Blatt Papier von ihrem Klemmbrett und drückte es Sonja in die Hand. Die Kontrolleure sagten noch so etwas wie »Wenns nur immer so wär wie bei ihnen«, wir strahlten wie kleine Kinder, nickten, schüttelten Hände, sagten Dankeschön und auf Wiedersehen. Dann verschwand die Kontrollbrigade, und wir fielen uns in die Arme.

»Wuuuuuuuuuuuhhhuuuuuuu.«

Wir schrien, ich kämpfte gegen Freudentränen. Wie großartig, alles war gut. Jetzt aber, jetzt war Sonja wirklich Wirtin.

»Ich hol einen Sekt.«

Hansi lief durch die Küche nach oben.

Sonja und ich standen am Tresen.

»Oh mein Gott, wie cool.«

Ich war immer noch überwältigt. Wir hätten sofort in dieser Sekunde Bier verkaufen dürfen. Wir konnten aufmachen.

»Danke, Maria.«

Sonja sah mich an.

»Für alles. Dass du hier bist. Danke.«

Ich kämpfte noch ein bisschen mehr gegen die Tränen.

»Ja. Klar.«

Vielleicht hätte ich in dieser Situation eine etwas geistreichere Antwort geben sollen, ein bisschen mehr zumindest als: »Ja. Klar.« Zum Beispiel: Ist doch selbstverständlich, dass ich hier bin. Du bist meine beste Freundin, ich will hier dabei sein, bei alldem, ich möchte jetzt nirgendwo sonst sein, weil ich gerade nichts lieber tue, als deine Kühlungen auszuwischen und den Küchenboden zu schrubben. Und das wäre auch noch ernst gemeint.

Aber das konnte ich gerade nicht sagen, und das war auch gar nicht nötig – das wussten wir beide.

Hansi kam wieder herein, öffnete den Sekt und schenkte ihn in Gläser. Wir stießen an, tranken einen Schluck und atmeten tief durch. Dann kamen wir langsam wieder zu uns.

»Was ist eigentlich mit Deko?«, fragte Hansi.

»Deko?«

Wir schauten uns um. Darüber hatten wir uns tatsächlich bisher wenig Gedanken gemacht.

»Halt Sachen für die Fensterbretter zum Beispiel. Pflanzen, Krüge, Kissen. Das sieht noch viel zu leer aus. So können wir doch nicht aufmachen.«

Oh Gott, ja. Er hatte recht.

Aber jetzt nur nicht in Panik geraten, es war ja erst Mittwochmorgen. Aufmachen wollten wir am Freitagabend um 17 Uhr. So hatten wir es auf Facebook verkündet, und so hatten wir es allen Leuten erzählt. Wir hatten also noch Zeit – ein bisschen.

Wir entschieden uns, auch das Dekoproblem mit der Guerillataktik zu lösen: Wir riefen alle an. Anna kam am

Nachmittag, brachte alle Zimmerpflanzen von zu Hause mit, die sie finden konnte, und mehrere Wäschekörbe voll mit Dekosachen aus dem alten Klinglwirt: Krüge, Kaffeeservice, Porzellantöpfe, alte Kannen, bunte Vasen. Ich rief meine Mama an: »Wir brauchen noch Kissen. Kannst du was nähen? Bis morgen?«

Ich war wohl doch ein bisschen in Panik, und meine Mama muss das gemerkt haben. Sie lief sofort los, kaufte dreißig Kissenfüllungen im Dänischen Bettenlager und nähte in einer Nachtschicht Kissenbezüge aus alter Bettwäsche von meiner Tante, von Sonjas Oma, aus allen Stoffresten, die sie finden konnte.

Am Abend fuhren wir zu Hansis Eltern und durchstöberten ihren Keller nach Dingen, die wir noch aufhängen konnten. Wir fanden ein paar Krüge und einen Hirschkopf, einen sehr schönen Hirschkopf. Wir bettelten Hansis Papa darum an.

»Na gut«, sagte er, »aber nur leihweise.«

Der Brauereimensch bot uns an, auch in ihrem Lager nach Brauchbarem zu stöbern, und wir verabredeten uns auf dem Gelände der Brauerei für Donnerstagmorgen.

»Brauchen wir nicht auch Kerzenständer?«

Gott, Kerzenständer. Ja.

»Was ist mit dem Bügelbier?«, fragte Sonja.

»Bügelbier leuchtet nicht.«

»Wir könnten Kerzen in die leeren Bierflaschen stecken. Wär doch hübsch.«

»Gut. Machen wir.«

Nicht lange nachdenken, Hauptsache Kerzenständer. Zurück von Hansis Eltern fingen wir gleich damit an, die Bügelbierflaschen zu leeren. Natürlich nicht ins Waschbecken, wir haben sie schon ausgetrunken. Matt kam zum Helfen vorbei, Werner auch, und nach einigen

Bügelbieren knüpften wir dem Hirschkopf eines von Sonjas Tüchern um, mit Knoten über dem linken Auge, wie 2Pac, der Rapper. Ein Hirsch-2Pac. Hahaha. Wir fanden das extrem lustig. Werner schraubte den Hirsch am nächsten Morgen an die Wand, und da hängt unser 2Pac heute noch. Aber es waren immer noch nicht genug Bügelbierflaschen leer, wir brauchten ja mindestens für jeden Tisch einen Kerzenständer. Also tranken wir eifrig weiter.

Am nächsten Tag um zehn Uhr standen Sonja und ich mit dicken Sonnenbrillen auf der Nase und zwei Aspirin im Magen in der Brauerei: Bügelbierkopfschmerzen. Was man nicht alles tut für schöne Kerzenständer.

Der Brauereimensch holte uns an der Pforte ab und grinste.

»Seids fit, oder?«

»Ja klar.«

Er drückte uns neongelbe Warnwesten in die Hand, die sollten wir anziehen: Vorschrift auf dem Brauereigelände, damit wir nicht von einem Gabelstapler überfahren werden. Wir folgten ihm über das Gelände, vorbei an riesigen Lastern mit Bierlogo, stapelweise Bierkästen, silbernen Bierfässern. Die Sonne schien, es war warm, überall roch es nach Bier, und der Brauereimensch redete auch noch die ganze Zeit von Bier – Bierumsatz in den Gaststätten, neue Biere auf dem Markt, Weißbier Royal.

Mir wurde schlecht.

»Wusstets ihr eigentlich, dass jeder Mitarbeiter der Brauerei achtundsiebzig Liter Bier im Monat umsonst kriegt?«

Ich starrte auf den Boden.

»Haustrunk ist das. Steht so im Tarifvertrag. Und man kann noch amal achtundsiebzig Liter holen, dafür muss man nur die Biersteuer bezahlen.«

Ich rechnete. 78 Liter plus 78 Liter mal 2, das wären 312 Halbe im Monat. Also grob zehn Halbe am Tag. Jetzt musste ich mich schwer konzentrieren, damit ich mich nicht übergab. Ich schaute Sonja an. Sie sah so aus, als würde es ihr ähnlich gehen.

Wir erreichten bald ein beiges Gebäude, Treppe hoch, wahnsinnig anstrengend, dann standen wir auch schon im Lager der Brauerei, das eher ein staubiger Dachboden war – voll mit Lampenschirmen, alten Stühlen, Schildern mit Brauereilogo, einem riesigen Hirschgeweih und zahllosem anderen Kram. Wir schlichen um den Hirsch und die Lampen herum. Vielleicht ein Schild? Der Hirsch? Wir nahmen zwei Schilder mit, den Hirsch bekamen wir nicht, der sei schon versprochen, sagte der Brauereimensch. Alles klar, nur schnell wieder heim. Wir lächelten, bedankten uns und fuhren mit den Schildern zurück in den Klinglwirt.

Aber für eine Pause blieb uns keine Zeit: Wir nahmen beide noch ein Aspirin, und weiter ging es. Ich begann, in der Bar die Gläser einzuräumen, und versuchte, sie vernünftig zu organisieren, Weißbiergläser neben dem Weißbierzapfhahn, Öffner zu den Flaschenbieren, kleiner Becher für die Kronkorken daneben, Aufspießer für die Bons an das vordere Ende der Bar, sodass die Kellner dort ihre Bons platzieren konnten, und so weiter. Sonja und Hansi fuhren zum Einkaufen auf den Großmarkt. Irgendwann riefen sie an, Werner solle kommen, sie kriegten all ihre Einkäufe nicht in ein Auto. Werner fuhr los, und eine halbe Stunde später kamen beide Autos wieder, parkten vor dem Klinglwirt, und wir luden aus: Salzstreuer, Pfeffermühlen, Edelstahl-Wärmeeinsätze für die Küche, noch mehr Töpfe, Pfannen, Schöpfkellen, Kochlöffel, Messer, Gurkenschäler,

Scheren, Plastikboxen, Kerzen, Schnapsgläser, eine Aufstelltafel, Besteckkästen, Abtropfgitter, Spülmittel, Klobürsten, Schwämme, Salz, Knödelbrot, Salate, Karotten und, und, und. Bei jeder neuen Kiste, die ich aus dem Auto hob, dachte ich: Stimmt, Salatsiebe braucht man ja auch. Stimmt, Spüllappen. Stimmt, Servietten. Letzte Woche hatte ich noch gedacht, wir hätten schon alles. Und jetzt: Stimmt, Strohhalme. Stimmt, Pfefferkörner. Es hörte nicht auf.

Am späten Nachmittag kam meine Mama und brachte die Kissen – und ihren halben Garten. Sie verteilte Salbei, Thymian und Wildkirschensträucher in die Kannen und Bierkrüge aus Annas Wäschekorb, stellte Sträuße mit Sonnenblumen und Fuchsschwanz in den Eingangsbereich und an die Bar, bastelte kleine Sträußchen mit Zieräpfeln, Kümmel und Spargelkraut in Blumenväschen für die Tische.

Wir verteilten, räumten, bastelten, und plötzlich war Freitag, der 26. – Eröffnungstag.

10 Uhr. Hansi zog eine weiße Kochjacke an, Kochmütze, Küchenschürze, und begann, die Küche herzurichten. Es sollte Feldsalat mit sauren Knödeln geben und Fleischpflanzerl mit Kartoffelsalat. Hansi kochte Kartoffeln und Knödel, knetete haufenweise Fleischpflanzerl, legte sie in große silberne Schalen. Wir stellten alle Stühle und Tische auf, fegten den Boden, wischten alles ab.

11 Uhr. Werner, Anna und Sonjas Bruder kamen, brachten von zu Hause weitere Topfpflanzen mit, verteilten sie auf den Fensterbrettern. Wir stellten draußen Tische und Stühle auf, Kissen auf die Stühle, Kerzen auf die Tische, Salzstreuer, Aschenbecher.

13 Uhr. Matt brachte rotes Papier und ein Laminiergerät mit, druckte die Getränkekarte aus, schweißte sie in Folie, dann packte er einen Stempel aus, den er hatte anfertigen lassen, und stempelte damit einen Stoß Visitenkarten. Wir verteilten den Rest von Mamas Kissen im Gastraum, Sonja nummerierte die Tische, malte alles in den Tischplan, markierte ihn bunt und klebte ihn neben die Registrierkasse.

14 Uhr. Hansis Küchenhilfe kam, wusch Salat, rieb Karotten, spülte die letzten Töpfe und Schüsseln. Wir legten Servietten auf die Tische, stellten Salzstreuer dazu, die kleinen Vasen mit Mamas Blumensträußchen, dann die leeren Bügelbierflaschen, Kerzen rein.

15 Uhr. Die ersten Serviceleute kamen, Tanja und Aleks. Sonja schrieb mit Kreide auf die zwei großen Tafeln an den Hauswänden und den Aufsteller: »Herzlich willkommen im Klinglwirt! Heute Eröffnungsangebote ...«, sie kurbelte die Markisen raus, knipste die Außenbeleuchtung an. Wir polierten Gläser und das Besteck, verteilten es in Steinkrüge, stellten sie auf die Tische. Dann prüften wir, ob das Bier lief, die Musik, die Kellnerkasse.

16 Uhr. Schnell noch einmal rauf, Wimpern tuschen, Make-up drauf, etwas anziehen, das nicht nach Putzmittel und Bier stinkt, Jeansrock, T-Shirt, Turnschuhe. Kellnerschürze darüber, wieder hinunter.

16.40 Uhr. »Wo sind die Blöcke?«
  »Scheiße. Blöcke.«
  »Ich lauf schnell zur Tapasbar.«
  Tanja lief, brachte Kellnerblöcke und Stifte.

16.55 Uhr. Alles klar. Alles steht. Hansi und die Küchen-hilfe kamen aus der Küche. Wir standen im Halbkreis um die Bar herum, Anna hatte jedem ein kleines Bier einge-schenkt. Wir prosteten uns zu: »Auf den Klinglwirt!«

In fünf Minuten würde Sonja die Tür aufschließen. Kei-ner wusste, was dann passieren würde. Ob in dem Laden, der gerade noch eine Baustelle gewesen war, tatsächlich Menschen sitzen und Bier trinken würden, oder ob nie-mand käme. Wir wussten es nicht. Wir waren alle nervös. Unheimlich nervös.

17 Uhr. Sonja drehte den Schlüssel um und zog die Tür auf.

Essen ist aus

Die ersten Gäste waren ein junges Paar um die 35 mit Kind. Sie: braune lange Haare, Sonnenbrille, schwarzes T-Shirt, Rock, lachte freundlich. Er trug eine kurze Hose, helles Hemd, kurze Haare, Sonnenbrille auf dem Kopf. Sie schoben den Kinderwagen draußen an einen Tisch, Nummer 29, und setzten sich. Es war fünf Minuten nach fünf. Sonja ging hinaus, gab ihnen Getränkekarten, wir anderen lugten zur Haustür hinaus.

»Ihr seids unsere ersten Gäste. Also nicht nur heute, sondern überhaupt.«

Sonja strahlte, die beiden lachten.

»Echt? Wie cool.«

Sie seien zufällig vorbeigeschoben, erzählten sie, und wollten nur schnell etwas trinken. Sonja sprach noch ein bisschen mit ihnen, dann kam sie wieder herein, ging zur Kasse, tippte ein. Wir scharten uns um sie.

»Und, und?«

»Großes Wasser, Tasse Kaffee.«

»Jawoll.«

Anna und ich stürzten zur Bar, sie machte Kaffee, ich schenkte Mineralwasser ein. Niemals war es so aufregend wie in diesem Moment, Wasser in ein Glas zu füllen. Wir stellten beides auf ein Tablett und grinsten Sonja breit an. Sonja grinste zurück, brachte die Getränke nach draußen und fragte die beiden, ob sie sonst noch irgendetwas bräuchten. Nein danke, sagten sie. Tanja fragte aber vorsichtshalber trotzdem gleich noch einmal nach, vielleicht bräuchten sie ja doch noch etwas. Ich bot ihnen einen Eierlikör an – den sie dankend ablehnten – und knipste ein Foto. Sonja fragte, ob sie vielleicht einen Kinderstuhl wollen, so einen hatten wir nämlich extra auf dem Flohmarkt ergattert. Ich hatte gestern noch schnell ein Stück Bettwäsche von Sonjas Oma zum Verschönern daraufgetackert. Nein danke, sagten sie, alles gut. Sie lächelten freundlich, aber wenn jetzt noch einer von uns hingegangen wäre und sie gefragt hätte, ob sie etwas bräuchten, hätten sie wahrscheinlich fluchtartig den Laden verlassen.

Glücklicherweise kamen aber schon die nächsten zwei Gäste, auf die wir uns stürzen konnten. Sie setzten sich an Tisch acht, Aleks brachte ihnen Karten, zwei Helle, Anna schenkte ein, wir strahlten, Sonja fragte, ob sie einen Eierlikör wollten, zur Feier des Tages. Und dann kamen noch zwei, sie setzten sich draußen an Tisch 25, und dann kam der Bierphilosoph, großes Hallo, ein Weißbier, Tisch 26, dann kam eine Vierergruppe. Und dann, um zwanzig Minuten nach fünf, war die Terrasse komplett besetzt, und wir rannten nur noch von Tisch zu Tisch.

»Hallo, grias eich, hier ist schon mal die Getränkekarte. Zum Essen gibt's heut Fleischpflanzerl mit Kartoffelsalat und Feldsalat mit saure Knödel. Wisst ihr schon, was ihr trinken wollt? Drei Bier, alles klar. Bring ich.«

Ab zur Kasse, Bestellung eintippen, oh Gott, wie funktioniert diese Kasse – »Sonjaaaa!!« –, Sonja kam gelaufen, schob den Kellnerschlüssel in die Kasse, tippte ein, erklärte: auf den jeweiligen Tisch klicken, dann auf die Getränkeliste, eintippen, was die Gäste bestellt hatten, Kellnerschlüssel rausziehen, Bons aus dem Drucker nehmen, an die Bar legen, »Drei Bier auf die Vier!«, Anna schenkte ein, alles aufs Tablett und los zur Vier, hinstellen, »Zum Wohl« – Bing – Hansi schlug auf die Klingel, also ab in die Küche, zweimal Fleischpflanzerl raustragen, »Guten Appetit«, leere Teller vom anderen Tisch mitnehmen. »Hat's geschmeckt?«

»Ja, danke, gut war's. Und wie ist das mit dem Eierlikör?«

»Ja, Eierlikör. Hamma. Wollens einen probieren?«

»Ja, gern.«

Beim ersten Gast, der mich nach dem Eierlikör fragte, habe ich mich noch nicht einmal gewundert. Konnte ja sein, dass er irgendwo gehört hatte, dass wir so einen besonderen Eierlikör haben. Aber es wurden immer mehr, die den Likör probieren wollten, und sie fragten auch alle, wer denn jetzt hier die Sonja sei, wie das noch mal wäre mit dem alten Klinglwirt, und warum der jetzt hier in Haidhausen sei. Ich erzählte und brachte Eierlikör. Irgendwann lief Sonja nur noch mit Eierlikör und Gläsern von Tisch zu Tisch, schenkte aus, stellte sich vor, erzählte ihre Geschichte.

»Sag mal, Sonja, ich hab das Gefühl, die haben alle den Artikel in der ›Süddeutschen‹ gelesen.«

»Kommt mir auch so vor. Eine hat mich auch grad direkt drauf angesprochen, ob ich die aus der Zeitung bin.«

Ich sah mich um. Konnte das sein? Dass all diese Menschen wegen dieses einen Artikels hierhergekommen waren? Zugegeben, der Artikel war schon sehr schön. Nachdem Sonja der Journalistin wie vereinbart nach dem Besuch der Inspekteurinnen den festen Eröffnungstermin durchgegeben hatte, war der Artikel wie geplant am Eröffnungstag erschienen. Am Morgen waren wir also früh zum Kiosk gelaufen und hatten eine »Süddeutsche Zeitung« gekauft. Der erste Satz war schon ziemlich cool: »Ein wenig will man gern an ein kleines gastronomisches

Wunder glauben.« Die Journalistin schrieb über Sonjas Pläne, kein Fertigessen zu verkaufen, obwohl das mittlerweile Standard sei, über den alten Klinglwirt, über Sonjas Idee, die Dorfwirtschaft nach Haidhausen zu bringen, über das Fleisch der Herrmannsdorfer – und über den Eierlikör. Wir lachten.

»Okay, sie mochte ihn wirklich.«

Es war ein schöner Artikel, fand ich. Sonja war sich nicht so sicher. Sie machte sich immer noch Sorgen, jetzt sogar noch ein bisschen mehr. Es stand nämlich auch genau das in dem Text, worüber sie sich schon so lange den Kopf zerbrochen hatte: dass man Löwenbräu hierzulande Imageprobleme nachsage, seit sie zum Brauereigiganten Inbev gehören, und dass sie deshalb wohl gerne ein bayerisches Restaurant haben wollen, eines wie Sonjas Klinglwirt, um ihren Ruf zu verbessern.

»Aber das ist doch nicht schlimm, das spricht doch für Löwenbräu. Und außerdem, warum sollten die dir das vorwerfen? Ist doch nicht deine Schuld, dass die Imageprobleme haben.«

»Ja, aber nicht dass die denken, ich würde schlecht über sie reden.«

»Ach Schmarrn. Hast du ja nicht. Und ist doch auch wurscht jetzt.«

All das gute Zureden half nicht viel: Sonja war nicht wohl. Sie beschloss, in die Offensive zu gehen, und rief am Eröffnungstag gleich in der Früh den Brauereimenschen an.

»Servus. Hast den Artikel schon gelesen?«

»Nein, noch nicht, warum?«, fragte er.

»Ach, nur so. Kommst später?«

»Ja, ich komm. Wann geht's los?«

»Um fünf. Also dann bis später.«

»Ja, servus.«

Jetzt stand der Brauereimensch im Laden und begrüßte Sonja herzlich. Wir redeten kurz mit ihm, er war sichtlich begeistert, dass so viel los war.

»Bei dem Artikel in der ›Süddeutschen‹ haben wir ja nicht so gut abgeschnitten«, sagte er – und lächelte.

»Aber mei, Hauptsache überhaupt Presse, und dir scheints ja was gebracht zu ham.«

Wir strahlten. Wie cool, er war nicht verärgert, im Gegenteil, er freute sich mit uns. Anscheinend dachte er dasselbe wie wir: Die Leute waren alle wegen des Artikels da.

Für lange Gespräche blieb allerdings keine Zeit, weil – Bing – zwei Salate auf die 23, einmal Fleischpflanzerl und ein Salat auf die 21. Wir rannten, trugen Essen zu den Tischen, leere Teller in die Küche, sie stapelten sich dort, genauso wie die leeren Gläser an der Bar.

Sobald ein Tisch frei wurde, setzten sich neue Gäste hin, manche warteten eine ganze Weile auf dem Bürgersteig auf einen Platz. Anna kam mit dem Einschenken nicht mehr hinterher, Sonja spannte eine Freundin ein, die gerade zur Tür hereinkam, sie half – in Abendkleid und Stöckelschuhen – Anna mit den Getränken, räumte schmutzige Gläser in die Spülmaschine, fischte frische aus den Regalen.

Um kurz vor acht kam Hansi aus der Küche. »Fleischpflanzerl sind aus.«

»Oh, krass. Okay.«

Keine Zeit zum Nachdenken, dann gibt's jetzt eben nur noch Salat, was soll's?

Um zehn nach acht kam Hansi wieder.

»Salat ist auch aus.«

Okay, es gab also kein Essen mehr – um acht Uhr!

Mist.

Ich lief von Tisch zu Tisch.

»Essen ist aus, entschuldigt, erster Tag heute.«

Die Gäste lachten. Kein Problem, verstehen wir, erster Tag, ist in Ordnung, solange es noch Bier gibt.

Oh Gott.

»Sonja, haben wir genug Bier?«

»Ja, in rauen Mengen, keine Sorge.«

Puh, Gott sei Dank.

Um zehn kam der nächste Schwung Gäste: Freunde von Sonja, ehemalige Arbeitskollegen, Gastrofreunde aus der Kneipe, in der wir gearbeitet hatten, unser alter Chef, Studienkollegen von Sonja, die gesamte Clique von Hansi, meine Freunde, unsere Familien – sie alle kamen.

Es wurde so voll, dass sich einige mit Bier in der Hand auf den Gehsteig setzten. Dann schlug die Kirchturmuhr elf, und wir scheuchten alle nach drinnen. In Bayern darf man in Wohngebieten nur bis elf Uhr draußen sitzen, und wir wollten nicht schon am ersten Tag Ärger mit dem Ordnungsamt kriegen. Also reingehen, bitte, bitte, wir schlossen die Tür, räumten draußen auf – Aschenbecher putzen, Kerzen und Stühle zusammenstellen, Kette durchschieben und abschließen –, schlossen die Fenster und drehten die Musik auf. Getränke gab es nur noch zum Selberholen an der Bar, Anna ging nach Hause, Sonja und Tanja schenkten ein, Aleks und ich räumten ab und legten nebenbei Musik auf.

Wir tranken Bier und Schnaps, tanzten hinter dem Tresen zu Amy Winehouse, sangen laut zu Jay-Z und Alicia Keys »New Yooooork«, Gläser in die Höhe, »Auf die Klinglwirtin«, wir verteilten noch mehr Schnaps, Hansi steppte in Kochjacke durch den Raum, Gäste stellten sich auf die Eckbank am Stammtisch und schunkelten.

Um vier Uhr lagen wir uns alle in den Armen, die ganze Kneipe sang »Und irgendwann bleib i dann dort« – und dann warfen wir sie alle raus. Wir mussten schließlich am nächsten Tag um elf wieder aufmachen. Sonja knipste das Licht an – »letzte Runde jetzt« –, wir spielten einen Rausschmeißer-Song und noch einen, Tanja klatschte in die Hände – »Schluss jetzt, Feierabend« –, dann schoben wir die letzten fünf Überbleibenden zur Tür raus.

Plötzlich war es still. Ich legte den Kopf gegen die Haustür.

»Ich muss jetzt schlafen. Sofort.«

Aber für uns war noch nicht Schluss: Wir wischten schnell die Bar ab, stellten die letzten dreckigen Gläser in die Maschine und die Stühle auf die Tische. Zum Glück hatte Sonja die Putzfrau schon für morgen früh um acht bestellt. Tanja, Sonja und ich schlüpften auf den Hochtisch und rechneten den Tagesumsatz ab, ich konnte die Augen kaum noch offen halten. Wir hatten an dem Tag schon einiges eingenommen, das waren bestimmt 2000 Euro Umsatz, ich weiß es nicht mehr genau, irgendwann schlief ich nämlich am Tisch ein.

Sonja schleppte mich nach oben und muss mich ins Bett gelegt haben, ich merkte noch, wie sie mir die Schuhe auszog. Licht aus. Was für ein Tag.

Der Wahnsinn geht weiter

Als ich am nächsten Morgen aufwachte, ging der Wahnsinn direkt weiter – und er sollte nicht aufhören in den nächsten Tagen, den nächsten Wochen.

Sonja war schon lange wach, der Fleischlieferant hatte um sechs geklingelt. Sie stand im Bad und tuschte sich die Wimpern.

»Kannst du die Mittagsschicht machen? Tanja kommt auch. Ich muss unbedingt gleich zum Einkaufen«, fragte sie mich.

»Okay. Ich mach mich schnell fertig, dann geh ich runter.«

Um kurz vor elf schlurfte ich also wieder durch die Küche in Richtung Tresen. Hansi hatte schon haufenweise Knödel in einen riesigen Topf geworfen und schnippelte wild irgendein Gemüse.

»Kaffee?«, begrüßte mich Tanja.

Sie wuselte schon mit einem Wahnsinnselan umher.

»Ja bitte. Wie kannst du denn schon wieder so fit sein?«

»Jahrelanges Training.«

Tanja grinste und hielt mir eine Tasse mit Espresso hin.

Ich kippte den Espresso hinunter, dann fingen wir an, wieder alles vorzubereiten: Stühle aufstellen, Tische wischen, Salz drauf, Blümchen, Besteckkrüge, Tafel beschriften … um zwölf standen die Gäste wieder im Laden. Alle. Sie setzten sich hin, fragten nach Sonja, bald war alles rappelvoll, wir rannten, Sonja kam dazu, rannte mit, erzählte ihre Geschichte, verteilte Eierlikör, und dann war wieder das Essen aus. Am Nachmittag fuhr Hansi noch einmal zum Einkaufen. Er packte das ganze Auto voll mit Knödelbrot, Salaten, Gemüse, Nudeln, Eiern, Mehl. Beim Ausladen machten wir noch Witze: Mensch, so viel Zeug, da kann jetzt der strenge Winter kommen. Aber von wegen: Samstagabend um 20.30 Uhr gab es wieder kein Essen mehr, und Sonntagnachmittag ging uns sogar das Bier aus. Sonntags bekommt man aber nicht einmal dann Bier von der Brauerei geliefert, wenn man eines ihrer Restaurants gepachtet hat, darum rief Sonja im Alpenhof an.

»Kann ich mir von euch vielleicht ein Fass Helles leihen?«

Sonjas Exchef hat sich wohl erst mal kaputtgelacht, muss sich dann aber bereiterklärt haben, ihr ein Fass zu geben, denn fünf Minuten später lief Sonja zum Auto und fuhr Richtung Alpenhof. Glücklicherweise schenken die dort auch Löwenbräu-Bier aus, das durfte Sonja ausleihen, ohne Ärger mit der Brauerei zu riskieren, außerdem passten die Fässer in Sonjas Schankanlage. Sonja hievte zusammen mit ihrem Exchef ein 50-Liter-Fass aus der Alpenhof-Bierkühlung in ihren kleinen Fiat, düste zurück zum Klinglwirt, wir schleppten das Fass zu dritt zum Bieraufzug, kurbelten es in den Keller, ließen es kurz stehen, damit das Bier nicht so schäumte, zapften an, und schon gab es wieder Helles. Das reichte bis Montagfrüh, dann kam der Bierfahrer.

Auch in der folgenden Woche fielen die Leute Tag für Tag im Klinglwirt ein. Sonja erzählte ihre Geschichte wieder und wieder, verteilte Eierlikör, manchmal war es so voll, dass die Menschen sich auf die Eckbank quetschten und ihr 22-Euro-Steak auf dem Schoß aßen. Und so viel Sonja und Hansi auch einkauften, Fleisch, Fisch, Brot und

Käse bestellten – das Essen ging trotzdem immer aus. Die Gäste lachten – »klar, verstehn wir schon« – und bestellten etwas anderes, bis es am Ende nicht einmal mehr Brotzeitbrettl mit Wurst und Käse gab.

In den ersten Wochen schrieben noch viele andere Zeitungen über dieses neue Restaurant in Haidhausen. In einem Artikel stand: »Sonja Obermeier wurde buchstäblich überrannt« – genau so war es.

»Eigentlich war ja der Plan, dass wir langsam anfangen und nach und nach immer mehr Gäste kommen«, sagte Sonja einmal beim Zusperren.

Ich lachte müde.

»Ist wohl nix draus geworden.«

Wir stolperten jeden Abend irgendwann spät ins Bett, standen morgens wieder auf, zogen uns an, schlichen in den Klinglwirt hinunter und taten unser Möglichstes, damit alle etwas zu essen und zu trinken bekamen, bis der letzte Gast so um zwölf wieder ging. Nebenbei versuchten wir, das tägliche Chaos zu bewältigen. Es fehlte nämlich nicht nur ständig an Essen, sondern auch an Dingen, an die vorher überhaupt niemand gedacht hatte: Trinkschüsseln für Hunde, ein Buch für Reservierungen, Schälchen für Essen zum Mitnehmen. Die Kellner stellten Sonja die ganze Zeit irgendwelche Fragen: Können Gäste auch auf der Terrasse reservieren? Was kosten Knödel mit Soße? Wo sind die Servietten? Wo sollen wir uns hinstellen zum Besteckpolieren? Sonja überlegte dann kurz, entschied irgendetwas, räumte um, schickte jemanden zum Einkaufen. Nicht lange nachdenken, nicht verrückt machen lassen, denn der Laden würde gleich wieder voll sein, und dann mussten wir wieder rennen.

In dieser Zeit sagt Sonja ziemlich oft: »Das hab ich auch noch nie erlebt«, oder: »Ist ja der Wahnsinn.« Alles war einfach nur überwältigend. Es war fast so, als hätte es einen riesen Rums getan, und plötzlich waren wir Ameisen in einem Ameisenstaat, die immer irgendetwas von links nach rechts schleppten, und Sonja musste dafür sorgen, dass der Bau nicht zusammenbricht.

Am Anfang war es ein einziges Gewusel, Durcheinandertragen und Gerenne. Aber nach und nach – in kurzen Verschnaufpausen am Nachmittag, wenn im Klinglwirt nicht so viel los war wie zur Mittag- oder Abendessenszeit, oder morgens vor dem Aufmachen – schafften wir es, ein paar Dinge ein bisschen besser zu regeln.

Sonja optimierte zum Beispiel die Dienstpläne: Wann sollten wie viele Leute an der Bar stehen, bedienen, zu welchen Zeiten brauchte Hansi eine Küchenhilfe? Nebenbei versuchten Hansi und Sonja immer noch, einen weiteren Koch aufzutreiben, Hansis Augenringe wurden nämlich schon verdächtig tief. Außerdem tüftelte Sonja an einem Einkaufsplan: Montagnachmittag fuhren nun Anna und Werner zum Großmarkt, Donnerstagnachmittag Hansi, falls er herausfand, wer wo das Auto geparkt hatte. Die ständige Suche nach dem Auto hat bis heute nicht aufgehört und ist inzwischen zu einem Running Gag geworden. Sonja und Hansi sagen nicht mehr Guten Morgen, sondern: Wo istn des Auto?

Dann war da natürlich auch noch die Koordination der ganzen Lieferanten. Irgendwann fand Sonja heraus, dass sie die Bierbestellung Donnerstag und Montag bis spätestens elf Uhr aufgeben musste, damit der Bierfahrer am darauffolgenden Dienstag und Freitag alles im Lastwagen hat. Sie vereinbarte mit der Brauerei, dass diese jeden Montag und Donnerstag vormittags selbstständig im Laden anriefen und fragten, wie viel Bier und Getränke sie bringen sollten. Sonja erstellte Listen mit Ist- und Sollbeständen, sodass die Kellner am Abend alles im Lager checken und aufschreiben konnten, was fehlte; dasselbe machten sie mit dem Wein.

Und damit Sonja nicht jeden Tag um sechs Uhr aus dem Bett hüpfen musste, schickte sie den wichtigsten Lieferanten Schlüssel für den Klinglwirt, den Herrmannsdorfern, dem Fischmann, dem Brotlieferanten, den Kuchenleuten, dem Bierfahrer.

Als sich langsam alles ein wenig zu lichten schien, es endlich immer genug zu essen und zu trinken gab und das Personal seine Dienstzeiten und Tagesabläufe im Kopf hatte, kamen die nächsten Baustellen.

Es fing mit der Gemüsekühlung an: Eines Morgens waren es darin null Grad.

»So ein Mist«, fluchte Hansi.

Wir standen in dem Kühlraum, Sonja drehte ungläubig am Temperaturrädchen, Hansi und ich lugten in die Kisten und Boxen, um zu prüfen, welche Lebensmittel die Temperaturen überlebt hatten und welche nicht.

»Der Salat ist auf jeden Fall hin.«

»Die Tomaten hier auch.«

Hansi warf genervt die ganze Kiste Salat nach draußen.

»Und was machen wir jetzt?«

Ich hörte nur ein unverständliches Fluchen, dann sagte Hansi: »Jetzt erst mal raus mit den Sachen, die noch gut sind, und auf die anderen Kühlungen verteilen.«

»Und ich ruf die Kühltechniker an.«

Sonja rannte los, Hansi und ich räumten die unverdorbenen Lebensmittel in die Kühlungen in der Küche und im Keller. Am nächsten Tag kamen die Kühltechniker, schraubten irgendwo herum, dann ging die Kühlung wieder. Von allzu langer Dauer war die Freude allerdings nicht. Ein paar Wochen später fiel die Kühlung komplett aus, und bis die Kühlmänner endlich antanzten, war am Ende fast der ganze Inhalt hin.

Als Nächstes setzte die Gläserspülmaschine die Bar unter Wasser, das hieß: drei Tage lang alles mit der Hand spülen, bis der Spülmaschinentechniker das Gerät endlich wieder zum Laufen brachte. Kurz darauf machte es wuff, und ein Teil an der Bar ging in Flammen auf. Es stellte sich heraus, dass es das Steuerungsgerät der Kühlzüge war. Tanja schlug das Feuer mit einem nassen Geschirrtuch aus, die Kühlung gab trotzdem den Geist auf, und die ganzen Colas und Säfte, Weißweine und Flaschenbiere erwärmten sich langsam. Das passierte natürlich am späten Abend, sodass wir niemanden mehr anrufen konnten, der den Schaden reparierte. Also rutschte Hansi mit seiner Stirnlampe unter die Bar, schraubte ein bisschen herum, danach kühlten die Schübe wieder, allerdings nur bis auf etwa 15 Grad, und daran war auch nichts zu machen. Sonja und ich räumten also die Getränke, die dringend kälter sein mussten, aus den Kühlschubladen an der Bar heraus und schleppten sie in die Bierkühlung im Keller. Da blieben sie, bis die Barkühlung wieder ordentlich repariert war.

Dann funktionierte plötzlich die Lüftung in der Küche nicht mehr. Die Küchenlüftung ist ein kompliziertes System mit Zuluft und Abluft, über das auch die Temperatur geregelt wird. Irgendetwas mit der Zuluft muss wohl nicht mehr geklappt haben, denn in der Küche fühlte es sich plötzlich so an, als stünde man am Ende eines großen Staubsaugers, die Schwingtür zwischen Küche und Gastraum wurde ständig nach innen gesaugt, und saukalt war es auch. Also gleiches Lied: Sonja rief den Lüftungsmenschen an, und bis der kam, kochte Hansi in Winterjacke.

Mal druckte die Kellnerkasse keine Bons mehr aus – natürlich in einem Moment, als der Klinglwirt gerade brechend voll war –, also schrieben die Kellner ihre Bestellungen auf kleine Zettel und machten Hansi damit so lange fuchsteufelswild, bis jemand kam und die Kasse wieder in Ordnung brachte. Dann ging der Verstärker nicht mehr, und es gab drei Tage lang keine Musik, bis Werner von einem Gebrauchtwarenhändler einen neuen gekauft hatte.

Werner entwickelte sich überhaupt immer mehr zum Hausmeister vom Klinglwirt. Denn seit Sonja gemerkt hatte, dass jeder Besuch eines Technikers auch eine saftige Rechnung nach sich zieht, versucht sie erst einmal, selbst zu richten, was geht. Das heißt, sie ruft ihren Papa an. Meistens klingt das so: »Servus. Du, is scho wieder was kaputt.« Manchmal sagt sie auch nur: »Rate.« Und Werner fragt dann: »Kühlung oder Klospülung?« Am nächsten Tag kommt er dann vorbei und schraubt oder bohrt oder lötet. Manchmal funktioniert das Teil danach wieder und manchmal nicht, und falls nicht, müssen eben doch die teuren Experten anrücken.

Eine Zeit lang war der zweite Backofen hinüber, sodass Sonja einer Reservierung, die unbedingt Kalbsbraten wollte, absagen musste. Der entsprechende Techniker tanzte drei Mal an, bis der Ofen endgültig wieder lief. Mitten im November ging vier Tage die Heizung nicht, draußen schneite es schon, drinnen war es saukalt. Sonja verteilte Decken, bis der Heizungsmensch sich endlich bemühte. Das Licht fiel natürlich auch hin und wieder aus, aber das war nur halb so schlimm, weil dann der schöne Elektriker vorbeikam, sich auf seine Leiter stellte und wieder etwas schraubte. Einmal stank es eine Weile bestialisch aus einer Ecke im Gastraum, das war da ganz hinten bei Tisch zehn, kurz vor den Toiletten. An warmen Tagen zog der Gestank durch das gesamte Lokal, als würde irgendwo eine tote Maus herumliegen und vor sich hin faulen. Sonja und Anna suchten alles ab, fanden aber nichts. Anna lüftete also in dieser Ecke, so oft es ging, und stellte Duftöl auf. Sonja war kurz davor, die ganze Holzverkleidung herausreißen zu lassen, vielleicht war ja dahinter irgendwo diese tote Maus. Aber dann eines Tages stolperte Hansi im Keller gegen ein altes Fallrohr, das schon seit Jahren außer Betrieb war. Es sprang auf, und sofort kam Hansi ein brutaler Gestank entgegen. Endlich war klar, woher der Geruch kam. Sonja rief den Hinz an, der schickte jemanden vorbei, der das Rohr entfernte und oben und unten abdichtete. Seither stinkt es im Klinglwirt nicht mehr.

Aber den Gedanken, dass damit jetzt alle Probleme gelöst wären, hatte Sonja zu der Zeit schon lange aufgegeben. All diese Dinge haben bis heute nicht aufgehört. Im Großen und Ganzen ist mindestens einmal pro Woche irgendetwas kaputt. Das ist wahrscheinlich wieder so wie mit den Kindern: Kaum pinkeln sie nicht mehr in die Windeln, und man glaubt, man hat jetzt endlich einmal ein bisschen Ruhe, fallen sie vom Rad, und man sitzt stundenlang im Warteraum bei irgendeinem Kinderarzt. So stelle ich mir das jedenfalls vor. Wie auch immer: Kaum ist eine Wunde gepflastert, hat der Klinglwirt eine neue. Und das, glaubt Sonja, wird sich wohl nie ändern.

Geht das aufs Haus?

Irgendwann im September fiel mir wieder ein, dass ich noch einen Beruf habe. Einen, der nichts mit Kellnern und Biereinschenken zu tun hat und der in Berlin ist. Ich hatte meinen Aufenthalt in München ohnehin schon um mehr als eine Woche überzogen. Jetzt führte kein Weg mehr daran vorbei: Ich musste zurück.

An einem Samstagnachmittag stopfte ich also meine Sachen ins Rollköfferchen, verteilte alles, was nicht reinging, auf Rucksack und Stofftaschen, schüttelte noch einmal das Bett im Bürozimmer auf und schleppte mein Gepäck hinunter in den Klinglwirt. Sonja wartete schon auf mich. Sie schob mir als Erstes eine Flasche Eierlikör in die Seitentasche meines Rucksacks, für alle Fälle. Dann standen wir da.

»Tja, das war's dann jetzt wieder.«

»Ja, das war's.«

Wir umarmten uns, und ich kämpfte wieder einmal mit den Tränen.

»Du machst das schon alles richtig, Sonja.«

Sonja sagte nichts. Ich glaube, sie kämpfte auch ein wenig. Ich nahm den Rollkoffer in die Hand, drehte mich schnell um und rollte durch die Tür, die Balanstraße hinunter zur S-Bahn. Im Zug starrte ich sechs Stunden lang aus dem Fenster. Die Tränen kamen dann doch durch. Klar, ich freute mich auf meinen Freund, meine Arbeit, meine Berliner Freunde, die Berliner Art. Aber konnte ich jetzt einfach so weg? Irgendwie war der Klinglwirt ein Stück weit auch mein Zuhause geworden.

Mein Freund holte mich vom Bahnhof ab.

»Willkommen daheim.«

Er nahm mein Rollköfferchen in Empfang und gab mir einen Strauß Blumen. Meine Lieblingsblumen, er findet sie immer irgendwo. Ich war trotzdem zerrüttet. Die ersten Tage in Berlin kamen mir so schwer vor. Als ich wieder bei der Arbeit ankam, saßen gerade alle Kollegen in einer Konferenz auf der Dachterrasse.

»Ich nehm ein Weißbier«, sagte mein Chef, als er mich sah. Ich lachte. Es war schön, wieder hier zu sein, und ich glaube, auch die anderen freuten sich. Aber es blieb dieses Gefühl, irgendwie fehl am Platz zu sein. Ich hatte Heimweh nach München, nach dem Klinglwirt.

»Du fehlst uns schon auch«, sagte Sonja am Telefon.

»Der Hansi und ich standen jetzt schon ein paarmal da und haben gesagt, da bräucht ma jetzt die Maria mit ihre Bierdeckel.«

Ich lachte, aber es machte mich auch traurig. Klar, wir telefonierten fast täglich. Sonja erzählte von lustigen Begebenheiten mit den Gästen, von Problemen mit dem Personal, von neuen Artikeln, die über sie und den Klinglwirt geschrieben worden waren. Aber ich war nicht da. Ich musste etwas tun.

Ein paar Tage lang überlegte ich, dann rief ich Sonja an.

»Ich komm Mitte Oktober!«

»Cool!«

»Ich hab einen Termin in München, und vielleicht bleib ich dann ein bisschen und arbeite von dort aus.«

»Klar, du kannst das Büro haben.«

Das war die Lösung für mich: Sooft es ging, Termine

in München anzunehmen oder von dort aus zu arbeiten. Ich hatte mir heimlich vorgenommen: alle sechs Wochen. Mein Plan ging erstaunlich gut auf, aber vor allem machte er mich wieder fröhlich. Plötzlich hatte ich das Gefühl, gar nicht so weit weg zu sein. Was waren schon sechs Wochen und sechs Stunden Zugfahrt? Vielleicht ist es auch ganz gut, dachte ich, dass ich nicht die ganze Zeit dort bin. So konnte ich den Außenblick behalten, und das war vielleicht auch mal hilfreich.

Außerdem gab es ja das Telefon.

»Du, Frage.«

»Frag.«

Ein normaler Wochentag, 22 Uhr, das Hauptgeschäft im Klinglwirt war vorbei, Sonja und ich hingen am Telefon.

»Wenn jetzt Leute in den Klinglwirt kommen, die ich kenn, Freunde oder so, und mit denen ratsch ich noch ewig, was mach ich dann? Also ich mein, es ist manchmal einfach unangenehm, wenn die dann bezahlen wollen. Aber ich kann ja nicht jedem immer das Essen spendieren, oder?«

»Gehen die denn davon aus, dass sie alles umsonst kriegen?«

»Nein, eigentlich gar nicht ... die meisten jedenfalls nicht. Eher im Gegenteil. Am Anfang habe ich ja befürchtet, dass viele Leute daherkommen, die irgendwie meinen, sie kriegen alles umsonst. Und eigentlich war ich darauf eingestellt und dacht mir, hier kriegt keiner was umsonst, weil das kann ich mir nicht leisten.«

»Na also.«

»Ja, aber ich mein, es kommen auch Leute, die mir geholfen haben, die mir vielleicht gute Ratschläge geben.«

»Aber grade die wollen doch nichts umsonst von dir. Die wollen dich doch unterstützen.«

»Ja, schon. Aber deine Mama zum Beispiel, die war neulich wieder mit deiner Schwester hier zum Essen, und ich wollte es ihnen ausgeben. Ich mein, die macht hier immer den Blumenschmuck und die Kissen und alles. Aber sie bestand darauf zu bezahlen.«

»Ja, für meine Mama musst du wahrscheinlich heimlich die Kasse umprogrammieren.«

»Nein, mal ernsthaft, was soll ich da machen?«

Ich dachte kurz nach.

»Ach, ganz ehrlich, meine Mama findet es cool, was du machst. Die will dich unterstützen, und so geht es doch den meisten Leuten. Das kannst du schon annehmen. Das musst du sogar, sonst gehst du ja eh pleite.«

»Ja, wahrscheinlich schon.«

»Vielleicht gibst halt hier und da einen Schnaps aus, aber nicht das ganze Essen.«

»Und das ist okay?«

»Ja, ist es.«

»Na ja, vielleicht fühl ich mich auch nur so komisch, weil Tanja mich jedes Mal, wenn ich mit Leuten ratsch, fragt, ob sie das Essen von denen bonieren soll.«

Ich ließ mich in mein Bett fallen und dachte nach. Ich wüsste auch nicht so genau, wie man damit umgehen sollte. Ausgeben oder nicht? Gerade bei einer Kneipe ist das natürlich eine Gratwanderung, schließlich lebt das ganze Geschäft auch davon, dass man mit den Leuten redet und lustig ist und feiert und auch einmal trinkt. Da ist es natürlich schön und wahrscheinlich auch förderlich fürs Geschäft, wenn man ab und zu einen ausgibt. Trotzdem muss sich das Ganze letztlich auch noch rentieren. Andererseits: Freunde unterstützen einen doch gerne und gehen nicht davon aus, dass sie immer auf deine Kosten essen und trinken können – oder?

»Du, wo wir schon dabei sind. Was ist denn mit mir?«

»Was soll mit dir sein?«

»Also bisher hab ich immer nichts bezahlt. Ich will aber zahlen.«

»Ja, hm. Aber du gehörst doch praktisch zur Familie, und meine Eltern zahlen auch nix.«

»Trotzdem. Mir wär's lieber.«

»Also gut. Dann zahlst du halt ab jetzt für alles die Hälfte.«

»Gut. So machmas.«

Kurze Zeit später stand ich auch schon wieder im Klinglwirt. Es war ein Dienstagnachmittag Mitte Oktober, draußen war es windig und grau, drinnen saßen ein paar Menschen, tranken Kaffee und Apfelschorle, die Kronleuchter
warfen warmes Licht in den Raum, aus den Lautsprechern
tönte ruhige Jazzmusik. Auf den Tischen standen kleine
gelbe Röschen – nicht mehr das wilde Kraut von meiner
Mama –, und unter ihnen lagen keine Servietten mehr,
sondern kleine gehäkelte Deckchen. Statt der Bügelbier-
kerzenständer standen da nun richtige aus Glas. Dass sie
die Kerzenständer ausgetauscht hatte, hatte Sonja mir
irgendwann am Telefon erzählt. Die Kerzen im Bügelbier hatten wohl immer die Deckchen und die Tischplat-
ten vollgetropft, und Sonja hatte ständig Angst gehabt,
dass einmal eine Flasche umfallen und der Klinglwirt in
Flammen aufgehen könnte. Aber trotzdem, so viel Neues
hier: Auf den Fensterbänken standen plötzlich viel mehr
Zimmerpflanzen als zuvor, die Barhocker vor der Theke
waren auch ganz andere, und dann kam auch noch eine
Frau auf mich zu, die ich noch nie im Leben gesehen
hatte, und fragte: »Hallo, kann ich Ihnen helfen?«

Erst in diesem Moment fiel mir auf, dass ich wohl ziemlich dumm mit meinem Rollköfferchen mitten im Klinglwirt stand und gaffte.

»Nein, alles okay.«

Ich überlegte kurz, was ich jetzt sagen sollte, dann

bestellte ich eine Rhabarberschorle und setzte mich an die Bar. »Bin Gast in Deinem Restaurant (-:«, textete ich Sonja. »Cool! Ich komm gleich runter«, schrieb sie zurück. Ich stellte den Koffer in die Ecke, hängte meine Jacke an einen Garderobenhaken und nahm mir eine Zeitung zum Blättern. Was sollte ich der Kellnerin auch groß erklären? »Ich bin die beste Freundin der Chefin« ist ja auch albern. Außerdem fand ich es gerade spannend, einfach als Gast hier zu sitzen, wie alle anderen auch. Norah Jones sang, ich fühlte mich wohl, nippte an meiner Schorle und lächelte vor mich hin. Die Kellnerin kam zur Bar, lächelte zurück und machte einen Cappuccino für eine ältere Dame an Tisch … oh, die Nummern hatte ich schon wieder vergessen. Vielleicht Tisch drei? Ich sah der Kellnerin bei ihrer Arbeit zu. Sie ging zum nächsten Tisch, sprach mit den zwei Gästen dort, ein Paar um die fünfzig, sie lächelte sie an. Es sah freundlich aus, wie sie das machte. Sie nahm die Karten vom Tisch, kam wieder zur Bar, dann schenkte sie zwei Bier ein und brachte sie zu dem Pärchen. Das kam mir jetzt aber irgendwie komisch vor. Ich beugte mich über die Theke und sah zu der Stelle, wo die Kellner normalerweise ihre Bons ablegten. Da lagen keine. Wieso tippte die ihre Getränke nicht ein?

»Heeeeeeey!«

Sonja schubste mit Schwung die Küchentür auf und lief auf mich zu.

»Du bist wieder da!«

»Ja! Und es hat sich so viel verändert. Der Wahnsinn.«

Wir umarmten uns. Die Kellnerin kam wieder auf die Bar zu, und es kam mir vor, als schaute sie plötzlich ganz erschrocken.

»Komm, wir bringen erst mal deine Sachen rauf.«

Sonja nahm meinen Rollkoffer, ich die Jacke, und wir

gingen in Richtung Küchentür. Beim Vorbeigehen warf ich noch einen kurzen Blick auf die Kellnerkasse. Auf deren Computerbildschirm werden die Tische vom Klinglwirt angezeigt, in Grün und Gelb, darauf stehen die Nummern der Tische. Wenn an einem Tisch im Lokal Gäste etwas bestellen, tippen die Kellner mit der Maus oder den Fingern auf diesen Tisch und geben die bestellten Getränke direkt dort ein. Sind Getränke auf einen Tisch boniert, erscheint neben dem Tisch im Computer ein roter Punkt. Neben zwei Tischen auf dem Bildschirm sah ich rote Punkte. Aber an fünf Tischen saßen Gäste.

Oben warf ich schnell mein Gepäck ins Büro und lief zu Sonja hinüber, die schon auf der blauen Couch saß.

»Sag mal, was ist das denn für eine Bedienung?«

»Ne Aushilfe, ist heut den zweiten Tag da.«

»Und bist du zufrieden mit ihr?«

»Ja, ist schon okay. Warum?«

»Ich weiß nicht recht, mir kam das grad komisch vor. Ich glaub, sie hat ein paar Getränke nicht boniert. Auf der Kasse war nur auf zwei Tischen etwas drauf, und als sie gemerkt hat, dass wir uns kennen, hat sie ganz erschrocken geschaut. Als wär sie aufgeflogen.«

»Echt? Krass.«

Ich ließ mich auf die Couch fallen.

»Also, ich weiß nicht. Vielleicht täusch ich mich auch. Aber das war jetzt schon komisch.«

»Das muss ich gleich überprüfen. Ich geh sofort runter.«

Sonja sprang auf.

»Soll ich mit?«

Ich wollte mich schon von der Couch hochstemmen, da sah Sonja auf ihr Handy.

»Naa, Schmarrn, ist ja schon fünf. Die hat gerade aus.«

»Ah okay.«

Sie überlegte.

»Wir könnten später den Tagesumsatz überprüfen und schauen, was sie heute getippt hat und wann. Was hat sie denn grad rausgegeben?«

»Einen Cappuccino, zwei Bier und eine Rhabarberschorle für mich. An den anderen Tischen standen noch zwei Tassen Kaffee und zwei Schorlen, glaub ich, und ein kleines Bier am Stammtisch.«

»Gut, das prüfen wir.«

»Hattest du so was schon mal?«

»Nein, noch nie. Ich überprüfe regelmäßig die Waren und die Umsätze, und da war immer alles okay. Bisher hatten wir nur andere Probleme.«

»Und zwar?«

»Vorgestern ist wieder einer nicht zur Schicht gekommen, aber bei dem war's mir eigentlich sogar recht. Der war brutal anstrengend.«

Ich lachte.

»Meinst du den Kellner Super zweitausend, oder was?«

»Ja, genau den.«

»Und der ist jetzt weg? Na, Gott sei Dank.«

Dass der Kellner plötzlich nicht mehr zur Arbeit erschienen war, schockierte mich nicht besonders. Das kommt in der Gastronomie häufig vor: Hat jemand eines Tages einen anderen Job oder keine Lust mehr zum Arbeiten oder genug Geld zusammen, kann es gut sein, dass er am nächsten Tag einfach nicht mehr auftaucht – ohne Ankündigung oder irgendein Zeichen. Dann steht man bei Schichtbeginn da, und ein Kellner oder eine Küchenhilfe tanzt einfach nicht an. Man ruft sie auf dem Handy an, und manchmal bekommt man sogar die Mailbox dran, aber in den meisten Fällen ist dieser Teilnehmer einfach nicht mehr erreichbar. Dann probiert man es vielleicht noch zweimal, aber spätestens dann ist klar: Der kommt nie mehr.

So etwas kann man sich in einem anderen Bereich kaum vorstellen, aber in der Gastronomie ist das fast schon normal. Von den Küchenhilfen, die Sonja angestellt hatte, hatten über die Hälfte ihren Dienst gar nicht erst angetreten. Handy? Nicht erreichbar. Manche kamen einmal und dann nie wieder. Auch nicht mehr erreichbar. Selbst von den Küchenhilfen, Köchen und Kellnern, die schon eine Weile bei Sonja gearbeitet hatten, tauchten einige plötzlich einfach nie wieder auf.

Und jedes Mal, wenn jemand ausfällt, springt irgendwer ein, der gerade Zeit hat: Sonjas Bruder, Sonjas Mama, Sonja selbst, eine andere Küchenhilfe oder Servicekraft, die ans Telefon geht. Ich glaube, es gibt auf der ganzen Welt keine Menschen, die öfter den Satz »Der angerufene Teilnehmer ist im Moment nicht zu erreichen« hören als Kneipenbesitzer.

Jetzt hatte also auch der Kellner Super 2000 auf die gastronomische Art gekündigt. Den Spitznamen hat er übrigens bekommen, weil er sich selbst offenbar für den weltbesten Kellner hielt und immer alles besser wusste, schließlich hatte er früher einmal in einem dieser Nobelrestaurants gearbeitet. Wenn Sonja zum Beispiel sagte: »Ein doppelter Espresso kommt in die Cappuccinotasse«, sagte er: »Nein, der gehört in die Espressotasse, das hab ich so gelernt«, und tat einfach nicht, was Sonja ihm gesagt hatte – auch wenn die Espressotasse randvoll war, sodass der Espresso immer aus der Tasse schwappte. Wenn Sonja dann sagte: »Du machst das jetzt so und Ende«, füllte er den doppelten Espresso einmal in eine Cappuccinotasse, und sobald Sonja aus der Tür war, füllte er ihn wieder in eine Espressotasse. Na ja, Kellner Super 2000 war jetzt jedenfalls auch weg.

»Du, ich hab heut zwar frei, aber wir müssten jetzt trotzdem mal runtergehen. Vielleicht können wir unten was essen und uns später vornerum davonschleichen.«

»Musst du dich schon aus deinem eigenen Laden rausstehlen?«

»Im Moment schon.«

Sonja grinste.

»Wirst gleich merken, warum.«

Wir gingen also hinunter in die Küche. Da sah alles schon sehr nach Abendvorbereitung aus: riesige Töpfe mit Knödeln, Kartoffeln und etwas Undefinierbarem blubberten auf dem Herd, eine Küchenhilfe wusch einen Berg Salat, und ein Mann mit hübscher weißer Kochmütze klopfte wild auf einem Stück Fleisch herum. Das musste der neue Koch sein. Als er Sonja entdeckte, warf er gleich den Fleischklopfer zur Seite und ging mit großen Schritten auf sie zu.

»Chefin! Hallo. Wie geht es heute?«

Er lachte und breitete die Arme in Richtung Sonja aus. Der Mann war klein, hatte dunkles Haar, einen eindeutig griechischen Akzent und war mir fast eine Spur zu quirlig.

»Gut. Das ist meine Freundin Maria, und das ist Dimitri, unser neuer Koch.«

»Hi Dimitri.«

»Aaah, Maria. Hallo. Freundin von Chefin? Gute Chefin ist sie, beste Chefin überhaupt.«

Alles klar, ein Schleimer war er auch. Ich schmunzelte.

»Ja, super Chefin ist sie. Find ich auch.«

Der Koch lächelte zufrieden und drehte sich wieder zu Sonja.

»Du Chefin, hab ich heute Brot mitgebracht. Feinstes Fladenbrot, ist richtig gut. Musst du probieren. Warte.«

Er lief durch die Schwingtür zur Brotmaschine neben der Kasse, dort lagen zwei große Fladenbrote, er brach schnell ein Stück davon ab, schwang wieder zurück und gab es Sonja.

»Hier. Musst du probieren.«

»Warum bitte hast du denn Fladenbrot mitgebracht?«

»Probier mal. Probier.«

Er hielt Sonja das Stück Brot hin.

»Mann!«

Sonja spitzte die Lippen. Sie war eindeutig geladen. Sie riss ihm das Brot aus der Hand und biss ab.

»Ja, super.«

»Gut, gell?«

Er sah mich an.

»Musst du auch probieren. Warte.«

Er lief noch einmal zur Brotmaschine und brachte auch mir ein Stück. Ich biss ab.

»Mmm. Gut, ja.«

»Müssen wir kaufen. Kann ich mehr bestellen, kein Problem. Ich kenne den Bäcker. Ist gut, oder?«

»Dimitri, was soll das denn schon wieder? Du weißt es doch ganz genau, wir sind ein bayerisches Wirtshaus. Wir haben Brot, Bauernbrot und Brezn. Kein Fladenbrot.«

»Ja, aber ist wirklich gut.«

»Das ist mir egal! Kein Fladenbrot! Das passt nicht ins Konzept. Ende.«

Sonja schubste die Küchentür auf und stapfte in den Gastraum. Ich lächelte dem Koch noch einmal höflich dankend zu und folgte ihr, Sonja setzte sich gerade auf einen Barhocker.

»Mann, der nervt einfach.«

Ich schwang mich auf den Hocker neben Sonja.

»Ja, der ist ein bisschen anstrengend.«

»Echt der Wahnsinn. Jedes Mal kommt der mit was anderem daher. Neulich wollt er mir einreden, dass wir frittierten Tintenfisch machen müssen und Souflaki, weil er dafür so ein super Rezept hat. Und einmal hat er einen Fischfond mitgebracht, den hat er zu Hause extra stundenlang gekocht. Und ich sag immer das Gleiche: Wir sind ein bayerisches Restaurant, das mag ja alles super sein, aber das passt nicht hier rein. Das kann doch nicht so schwer zu kapieren sein, oder?«

»Nein, eigentlich nicht.«

»Und ich hab's ihm erst vor ein paar Tagen gesagt, dass er keine Vorschläge mehr in diese Richtung zu machen braucht. Weil mich das nervt. Und jetzt kommt der schon wieder daher. Ah.«

Ich grinste.

»Na in jedem Fall ist das mal ein motivierter Mitarbeiter mit Drang zum Höheren.«

»So kann man das auch sagen. Aber das Ding ist, dass der nur so motiviert ist, wenn ich da bin. Sonst arbeitet er schlampig. Gibt kalte Suppe raus und Essen mit vollgekleckstem Tellerrand. Oder klatscht alles auf den Salat kreuz und quer drauf. Das sieht einfach unappetitlich aus. Wenn sich die Kellner beschweren, pflaumt er sie unverschämt an und macht einen auf großen Macker. Die trauen sich schon gar nichts mehr sagen zu ihm.«

»Ach, deswegen sitzen wir hier. Damit der vernünftiges Essen rausgibt?«

»Genau.«

»Aber das ist auf die Dauer auch kein Zustand, oder?«

»Nein, aber der Hansi wollte nächste Woche eh ein

ernstes Gespräch mit ihm führen. Mal schaun, ob sich was ändert.«

»Soll ich da die Luft rauslassen?«

Eine Kellnerin stand vor mir, grinste mich an und deutete auf ein leeres Bierglas vor mir auf der Theke.

»Was willst du rauslassen? Ach so. Ja. Das war nicht meins, aber ich hätte auch gern ein kleines Bier.«

Die Kellnerin räumte das Glas ab, ging zum Zapfhahn, und ich drehte mich zu Sonja.

»Die is ja lustig.«

»Ja, die hat einiges in der Richtung auf Lager.«

»Also, zurück zu Dimitri. Wenn das Gespräch nichts ist, wirfst ihn raus?«

»Ja, mittelfristig schon. So kann das einfach nicht weitergehen. Ich muss mich darauf verlassen können, dass er vernünftig arbeitet, auch wenn ich nicht da bin. Aber das Problem ist, wir haben im Moment keine Alternative. Brauchbare Köche zu finden ist nicht leicht.«

»Also musst du ihn überwachen.«

»Ja, aber manchmal schleich ich mich um neun heimlich außen herum in die Wohnung. Dann meint er immer noch, ich sei da.«

Ich lachte. Man muss anscheinend so seine Tricks entwickeln.

Wir setzten uns an den Stammtisch, ich bestellte natürlich einen Schweinebraten, wenn ich schon einmal wieder in Bayern war, Sonja entschied sich für den Fisch. Wir aßen und quatschten, Sonja erzählte, dass es für sie mittlerweile kaum etwas Langweiligeres gäbe, als Geld zu zählen, weil sie das jeden Tag machen musste. Am Anfang hatte sie vergessen, dass sie das ganze Geld auch irgendwann einmal zur Bank bringen muss. So stapelten sich die Scheine über Wochen im Bürosafe immer höher, bis Sonja irgendwann einen Stapel packte, 10.000 Euro, ihn in ihr Handtäschchen warf und damit zur Bank fuhr. Für einen Augenblick hatte sie sich richtig reich gefühlt, aber nur so lange, bis sie bei der Bank ankam. Da wurde ihr schnell wieder klar, dass das ganze Geld eigentlich nur in ein Loch fällt.

Sonja erzählte, wir lachten viel. Aber irgendwann fiel uns auf, dass wir beide eigentlich nur mäßig entspannt waren. Sonja stand immer wieder auf, ging zu den Gästen, brachte ihnen Karten, dimmte das Licht, zündete Kerzen an, ich lief zur Anlage, machte die Musik lauter. Es war ja nicht so, als hätten die Servicekräfte das nicht im Griff gehabt. Die drei, die an dem Abend da waren, waren alle sehr gut. Aber es ging trotzdem nicht anders, ich muss einfach immer umherschauen.

Im Klinglwirt fallen mir Dinge auf, die ich in keinem anderen Restaurant der Welt bemerken würde, oder zumindest hätte ich dort nicht den Drang, sie zu verändern. Sonja geht es nicht anders. Sie ist im Klinglwirt eigentlich immer im Dienst, auch wenn sie frei hat. Sie ist eben die Chefin und damit plötzlich auf der anderen Seite, der Chefseite. Sich ganz entspannt auf ein privates Gespräch zu konzentrieren ist im Klinglwirt also nicht drin.

An dem Abend schlichen wir uns um halb zehn dann doch noch davon und tranken in der Nachbarkneipe ein Bier. Das war gleich viel entspannter. Später, als die Küche zu war und kaum mehr Gäste im Klinglwirt saßen, gingen wir zur Registrierkasse und überprüften den Tagesumsatz. Und tatsächlich: Den ganzen Nachmittag über hatte die Kellnerin kein einziges Bier boniert, keinen Cappuccino, und das kleine Bier am Stammtisch erschien auch nicht in der Kasse. Nach dem Umsatz sah es so aus, als wäre zwischen drei und halb fünf kaum ein Gast da gewesen. Wir hatten aber einige gesehen. Die Kellnerin schien also tatsächlich ein paar Getränke herausgegeben und sich das Geld dafür selbst eingesteckt zu haben.

Sie hatte betrogen.

Sonja überlegte, ob sie die Frau anzeigen sollte. Aber sie hatte keine Lust auf ein langwieriges Verfahren, die Kellnerin war ohnehin erst den zweiten Tag da gewesen. Also entschied sich Sonja für die Kurz-und-prozesslos-Variante: Sie teilte die Kellnerin nie wieder für eine Schicht ein.

Im Nachhinein hat Sonja mit ihrer Entscheidung, keine Anzeige zu erstatten, ein bisschen gehadert, schließlich ist so etwas wie Diebstahl.

Aber man muss auch sagen: Das war das einzige Mal, dass einer von Sonjas Serviceleuten betrogen hat.

Leber schneiden, Knödel drehen und Töpfe schrubben

Ich hörte, wie die Wohnungstür aufging und Hansi mit seinen schweren Küchenschuhen Richtung Büro polterte, dann klopfte es.

»Maria?«

»Komm rein.«

Es war Freitagnachmittag, ich saß an Sonjas Schreibtisch und wollte noch schnell ein paar Mails verschicken, bevor es fünf Uhr war und ich an diesem Tag endgültig niemanden mehr erreichte.

»Hast du grad Zeit?«

»Na ja, nicht wirklich. Ich wurschtel hier noch ein bisschen, und um sieben bin ich zum Essen verabredet. Was ist denn?«

»Die Küchenhilfe ist nicht gekommen. Ich erreich keine andere, und Sonja ist im Service. Kannst du mir schnell helfen? Nur für ein, zwei Stunden. Die Australier helfen auch mit, dann schaff ich das später hoffentlich allein.«

Ich druckste herum.

»Na ja, hm. Kann ich das überhaupt?«

»Klar, ich sag dir schon, was du tun musst.«

»Also gut. Hilft ja nix.«

»Cool, danke. Aber zieh dir ein altes T-Shirt an, Schürze kriegst unten.«

In der Küche war Hansis australischer Besuch schon eifrig am Werkeln. Die zwei Mädels drängten sich vor dem Geschirrabstellplatz und schälten Karotten, der Typ stand am großen Waschbecken und schälte Kartoffeln. Die hatten sich ihren München-Urlaub bestimmt auch anders vorgestellt, dachte ich.

»Hier sind die Schürze und ein Haarnetz. Du drehst Knödel.«

Hansi drückte mir die Sachen in die Hand, ich band die Schürze um den Bauch, stülpte mir das komische Netz über den Kopf und zwängte mich neben den kartoffel-schälenden Australier an die Arbeitsfläche. In einer gro-ßen Edelstahlwanne vor mir war eine klebrige Masse, die ich wohl zu vielen runden Bällen formen sollte.

»Einfach hier raus und dann wohin?«

Hansi nahm einen Schöpflöffel vom Dunstabzug.

»Nimmst immer einen Schöpflöffel voll ab, drehen und dann hier drauf.«

Er gab mir ein silbernes Blech.

»Aber erst wäschst deine Pfoten.«

»Ja, ja.«

Ich wusch mir die Hände, drehte Knödel und unter-hielt mich nebenbei mit dem Australier. Die drei waren auf großer Europatour. Sie waren gerade in den Bergen gewesen, irgendwo in der Schweiz, und jetzt machten sie Station in München bei Hansi, den sie in Australien ken-nengelernt hatten.

»Blech is voll. Soll ich noch mehr drehen?«

»Nein, das reicht für heut. Jetzt kommst mal rüber.«

Ich ging um den Herd herum zu Hansi.

»Zieh die mal an.«

Hansi gab mir dünne Stoffhandschuhe.

»Und die drüber.«

Er reichte mir dicke schwarze Handschuhe aus Gummi.

»Und dann umgraben.«

Hansi deutete auf eine riesige Schüssel voll mit kleinen Kartoffelstücken. Ich steckte meine Hände hinein und hob immer wieder einen Haufen Kartoffeln nach oben. Während ich die Kartoffeln umgrub, warf Hansi schwungvoll Salz, Pfeffer und Senf dazu, ich wühlte weiter, und Hansi warf Petersilie, Essig und heiße Brühe hinein. Der Australier rieb derweil die Karotten, die Mädels wuschen Salat. Als der Kartoffelsalat fertig war, schickte Hansi mich zu einem Riesenberg Fleisch, das sich anfühlte wie nasses Plastilin, und wenn ich auf die Masse drückte, quoll dunkelrotes Blut aus vielen kleinen Löchern.

»Leber«, sagte Hansi. »In Scheiben schneiden, etwa einen Zentimeter dick.«

Er gab mir sein Messer.

»Schau, dass du mit der rechten Hand nur das Messer anfasst, sonst nix. Weil das Blut ist brutal rutschig. Nicht dass dirs Messer ausrutscht und du dich schneidst. Das ist nämlich richtig scharf.«

Alles klar. In der rechten Hand das Messer, mit der linken Hand die Leber festhalten und möglichst in einem Rutsch ein Stück herunterschneiden. Ich schnitt und schnitt, mit der Zeit wurden die Leberscheiben immer exakter, und ich freute mich. Dieser Küchenjob war gar nicht so schlecht. Das Kneten und Schnippeln hatte etwas Meditatives. Ich schnitt und schnitt und dachte über das Tier nach, dessen Leber ich da zerteilte.

»Was ist das eigentlich für ein Viech, das so eine riesige Leber hat?«

»Rind«, sagte Hansi. »Aber das ist nur ein Viertel.«

Ein Viertel? Das Stück, das ich gerade zerschnitt, war so groß wie ein Laib Brot. Nicht schlecht, dachte ich. Was macht ein Rind wohl mit so einer Riesenleber? Oder eigentlich ist die Frage: Wie groß wird das Rind wohl gewesen sein, bei so einer Leber? Bestimmt, hmm – richtig, richtig groß.

»Fertig.«

Ich wusch mir das Blut von den Händen. Die Australier waren auch fertig, es war kurz vor sechs. Ab sechs Uhr gibt es im Klinglwirt Abendessen.

»Ihr könnt gehen. Danke«, sagte Hansi auf Englisch. Die Australier überlegten nicht lange, warfen die Schürzen in die Ecke, winkten Hansi kurz zu und drängelten durch die Küchentür hinaus.

»Ich auch?«

»Könntst du noch wenigstens eine Stunde bleiben? Ich weiß nicht, wie viel heut los ist.«

»Ach. Ja, okay. Ich sag Bescheid, dass ich später komm.«

Ich textete meinen Freunden, mit denen ich verabredet war, dass ich es bis sieben wohl nicht schaffen würde, und stellte mich zu Hansi hinter den Herd. Er hatte schon einige Knödel in den Topf geworfen, die Suppe gekocht, das Kartoffelpüree gestampft, den Schweinebraten in den hinzugekauften Holdomaten gelegt und alle Soßen abgeschmeckt. Es war also alles vorbereitet.

»Und jetzt?«

»Jetzt warten wir, was passiert.«

Warten also. Ich lehnte mich ans Fensterbrett.

»Was gibt's heut überhaupt so?«

»Na, Leber mit Kartoffelpüree, Fleischpflanzerl mit Kartoffelsalat und sonst das Übliche. Schweinsbraten, Fisch und Salat mit gebratene Knödel.«

»Aha.«

Hansi verschränkte die Arme und lehnte sich an die Küchenbank.

»Wie überlegst du dir denn immer, was es gibt?«

»Na ja, ein paar Sachen gibt's eh immer, Schweins-braten und Salat mit Gemüse und Kastanien, da muss ich nur aufpassen, dass die Zutaten nie ausgehen. Dann schau ich, was vom Vortag übrig ist. Wenn noch viel vom Schweinsbraten da ist, kommt der in ein Gröstl, und wenn noch viele Knödel übrig sind, gibt's Feldsalat mit saure Knödel. Ansonsten schau ich, was gerade Saison hat. Wenn der Schwammerlsucher da war, gibt's Pilzsuppe, und so weiter.«

»Hmm.«

Ich hörte zu, was Hansi mir erzählte, aber eigentlich war mir langweilig. Was war jetzt mit den Bons? Wollte da keiner etwas essen? Ich lugte durch die Küchentür zu Sonja, die hinter der Theke stand.

»Ist nix los oder was?«

»Na, ist ja noch früh, das kommt schon noch. Steht dir, das Haarnetz.«

»Ja, danke.«

Ich verschwand wieder in die Küche.

»Kannst derweil noch die Sachen spülen.«

Hansi deutete auf einen Stapel dreckiger Teller und Schüsseln neben der Spülmaschine.

»Wenn's sein muss.«

Ich sortierte Schalen, Teller, Kochlöffel in die großen Körbe der Spülmaschine, spritzte alles mit dem rüssel-artigen Wasserhahn ab, schob die Körbe unter die Spül-haube, zog die Haube herunter, und – Pffftschhhh – schon legte die Maschine los. Wenn die Sachen wieder heraus-kamen, waren sie so heiß, dass man sich leicht die Fin-ger daran verbrennen konnte. Überhaupt kann man sich in dieser Küche an jeder Ecke arg verletzen, dachte ich. Die ganzen Flammen am Gasherd, kochendes Wasser, extrem scharfe Messer, der rutschige Boden. Und wenn man nicht aufpasst, haut einem der Koch, während man ein paar Teller ins Regal stapelt, beim Umdrehen versehentlich die Kelle auf den Kopf.

»Zefix«, fluchte ich.

»Tschuldige.«

»Ja, schon gut.«

Ich rieb mir die Stirn und ging zurück zum Waschbecken, um den unfassbar riesigen Topf sauberzuschrubben, in dem Hansi zuvor das Kartoffelpüree gekocht hatte. Und dann machte es drrrrd, und ein kleiner Papierzettel kam aus der Bonmaschine hinter dem Herd gerattert.

»Ui, was gibt's?«

Ich ließ den Topf ins Waschbecken fallen und lief zu Hansi hinüber.

»Einmal Leber, einmal Schweinsbraten. Nimm damit drei Leberstücke raus«, er drückte mir eine Art Pinzette in die Hand, »und dreh die in der Mehlschale.«

»Jawoll.«

Ich war richtig aufgeregt. Essen machen, uiuiui. Also: Leber aus der Schublade holen, rein ins Mehl, umdrehen. Dann legte Hansi die Stücke in die Pfanne. Auf beiden Seiten vielleicht zwei Minuten in Öl braten, dann auf ein Papiertuch legen, damit es das überschüssige Fett aufsaugt. Hansi schnitt derweil mit einem scharfen Messer ein großes Stück vom Schweinebraten ab, rauf auf den Teller, Knödel aus dem Topf gefischt, auch mit darauf, noch ein Schöpflöffel voll Soße dazu, Petersilie – fertig. Dann die Leber auf den Teller, Klecks Kartoffelpüree, Apfelscheiben, Soße, und – Bing – Essen war fertig. Sonja kam durch die Küchentür und holte die zwei Teller ab.

»Leber von mir persönlich geschnitten, und die Knödel hab ich auch gedreht«, sagte ich stolz und grinste dazu wie ein Schnitzel.

»Mensch, der Wahnsinn.«

Sonja nahm die Teller und war weg. Aber dann – drrrd, drrrd – kamen schon die nächsten Bons. Klinglwirtsalat, Schweinebraten. Hansi gab Anweisungen, ich legte Gemüse in die Pfanne, fischte Knödel aus dem Topf, und dann – drrrd – druckte die Maschine die nächsten Zettel aus und dann noch welche, und dann hörte es nicht mehr auf. Hansi reihte die Bons nebeneinander auf die Wärmebrücke, bis fast kein Platz mehr war, und sagte nur noch: »Knödel. Salat. Leber. Leber.«

Ich drehte die Leber im Mehl, kleckste Kartoffelpüree möglichst hübsch auf die Teller, richtete Salat in Schälchen. Hansi schöpfte Brühe aus einem großen Topf, legte Steaks in eine Pfanne, die Leberscheiben in eine andere und einen Fisch in eine weitere – und irgendwann war der ganze Herd voll mit Pfannen, und Hansi rüttelte abwechselnd mal hier und mal da. Wir richteten alles auf die Teller, jeweilige Soße darauf, nicht verwechseln, Rand abwischen, Petersilie darüber, auf die Küchenklingel hauen – Bing. Dann kam ein Kellner und holte alles ab. Wenn nicht – Bing. Und wenn immer noch nicht – Bing, Bing, Bing. Wenn sie dann endlich antanzten: »Zefix! Essen wird kalt!«

So ging es immer weiter: Teller aus dem Schrank fischen, Salat aus dem Kühlzug darauf, Gemüse in der Pfanne anbraten, auf den Salat, Dressing darüber, Petersilie – Bing. Und plötzlich war es zehn, und Hansi sagte: »Ab jetzt kein Essen mehr.«

Ich erschrak. Schon zehn Uhr. Meine Verabredung …! Hatte ich total vergessen. Ich schickte schnell eine entschuldigende SMS: Wird heute nichts mehr.

»Sind wir dann fertig?«

Hansi lachte.

»Nein, jetzt wird geputzt.«

Ich sortierte also wieder Teller und Besteck in den Spül-
korb, Hansi reichte mir Pfannen, riesige Töpfe und Schüsseln. Ausschrubben, abspülen, rein in die Maschine. Ich
schrubbte und spritzte und hievte Töpfe hin und her, bis
ich irgendwann nur noch nass und klebrig war und nach
Fett roch. Ich fluchte jeden Topf einzeln an, vor allem,
wenn die Soßenreste so darin pappten, dass ich sie einfach nicht herausbekam.

»Zefix! Dreckstopf.«

»Maria?«

»WAS!«

»Willst ein Bier?«

»JA! Her damit.«

Nach den Töpfen kam der Küchenboden: grünes Mittel
in Kübel mit Wasser, auf den Boden, schrubben, schrubben, in alle Ecken, die Flecken gehen nicht weg, aaaaaah.
Ich schwitzte und stank und schrubbte und schob mit
einem Abzieher das Wasser in die Abflüsse. Sonja war
im Gastraum fertig und schrubbte mit. Hansi wischte
Schränke, Arbeitsflächen und den Herd. Um zwölf Uhr
hängte ich die Schrubber und Abzieher an die Wand.

»Ich geh in die Dusche.«

Die Klamotten klebten an mir in einer Mischung aus
Fett, Spülwasser und Schweiß. Ich fühlte mich völlig ver-
dreckt. Aber das Duschen war noch nie schöner gewesen!
Plötzlich war ich wieder ein bisschen klarer im Kopf.

Hansi saß in seinem Zimmer und rauchte.

»Hey, du, tschuldige, wenn ich dich angefaucht hab.
Diese Küche macht aggressiv«, sagte ich.

Hansi grinste.

»Ich weiß. Kein Problem. Dank dir noch mal fürs Helfen, hast du gut gemacht. Ich würd dich einstellen.«

»Danke. Ich denk drüber nach.«

Ich ging in mein Bürozimmer und fiel ins Bett. Wahrscheinlich habe ich noch nie so gut geschlafen wie in dieser Nacht.

Sie brauchen andere Gurken

Das Besondere daran, wenn man eine Kneipe eröffnet, ist: Es gibt überall Experten. Das ist einfach etwas anderes, als wenn man beispielsweise eine Firma zum Vertrieb von Mikrosystem-Chips gründet. Wenn das abends jemand auf einer Party erzählt, dann lächeln die Leute freundlich und sagen: »Aha, Mikrosystem-Chips, interessant, ja wofür braucht man die denn?« Sie fragen dann vielleicht noch so etwas wie: »An welche Firmen verkaufst du diese Chips?«, der Befragte gibt irgendeine Antwort, und danach hat er auch schon wieder seine Ruhe. Erwidert man hingegen auf die Frage »Was machst du denn so?«: »Ich habe eine Kneipe« – ist das ein ganz anderer Film. Weil: »Kneipe? Echt, Mensch toll, was ist das denn für eine und wo und was gibt's da so?« Meistens dauert es dann nur noch wenige Sekunden, und schon kommen die Experten zum Vorschein.

Das klingt etwa so: »Ja, habt ihr denn auch guten Kaffee? Weil guter Kaffee ist ja das Allerwichtigste. Ich geh in zwei Lokale schon gar nicht mehr rein, weil der Kaffee da so schlecht ist. Ich mag ja denundden am liebsten, den solltest du unbedingt einmal ausprobieren. Ich schwör's dir, der ist der allerbeste.«

Kaum outet man sich als Kneipenbesitzerin, bekommt man auch schon Tipps, Verbesserungsvorschläge und muss sich Kritik für Dinge wie Lage, Name oder Bierauswahl anhören, ob man will oder nicht. Der Grund dafür ist ganz einfach: Bei einer Kneipe kann jeder mitreden. Jeder war nämlich schon einmal in einer drin, und viele Menschen fühlen sich damit beratungsberechtigt.

Besonders hilfreich sind dabei so konkrete Vorschläge wie: »Es ist schon wichtig, dass der Service freundlich und das Essen gut ist.« Zu derartigen Ratschlägen sagte Sonja nach einer Weile oft: »Echt? Meinst wirklich, das Essen sollte gut sein? Also ich weiß ned.«

Interessant ist auch die Gruppe derer, die Sonja ihre eigenen Vorlieben aufschwatzen wollen, auch wenn diese überhaupt nicht zum Klinglwirt passen: »Ihr braucht unbedingt gute Cocktails und eine Happy Hour. Glaub mir, da rennen dir die Leute die Tür ein.« Oder: »Ihr braucht eine kubanische Nacht mit Rum und kubanischer Musik. Das zieht ganz bestimmt.« Ganz egal, dass weder Cocktails noch kubanische Musik besonders bayerisch sind.

Dann gibt es noch die Spezialitätenberater: »Ich hab da einen besonders guten Wein zu Hause, den musst du probieren, der wär vielleicht etwas für dein Lokal.« Oder: »Ich weiß einen super Honig/Schnaps/Bäcker/Metzger und kenne jemanden, der die besten Zucchini/Tomaten/Eier/Gurken überhaupt hat.« Das Problem dabei ist: Natürlich sollen die Lebensmittel für den Klinglwirt gut schmecken, aber sie müssen auch in einer gewissen Regelmäßigkeit aufstellbar sein. Es bringt nichts, wenn jemand einmal eine gute Marmelade gekocht oder schöne Äpfel im Garten geerntet hat – für ein Restaurant braucht man gewisse Mengen, die auch noch von irgendjemandem angeliefert werden müssen. Sonja kann schließlich nicht jede Woche erst eine Kiste von dem supertollen Wein in Franken abholen, dann den besonderen Holunderschnaps in Österreich, anschließend in Niederbayern bei dem noch grandioseren Metzger selbst das Schwein schlachten, danach in der

Oberpfalz auf einem Feld die Erdbeeren für die Nachspeise zupfen und dann wieder in den Laden joggen, um »präsent« zu sein. Viele Experten sind nämlich auch der Meinung, dass die Wirtin 24 Stunden am Tag hinter dem Tresen stehen sollte. Bei manchen hat man das Gefühl, sie würden Sonja am liebsten mit einer Fußfessel an der Bar festschnallen.

Fortgeschrittene Experten kommen zudem persönlich vorbei und untersuchen den Klinglwirt vor Ort nach Tippmöglichkeiten: »Was, ihr habt gar keinen Kaiserschmarrn? Aber ihr seid doch ein bayerisches Wirtshaus! Nein, ihr müsst unbedingt einen Kaiserschmarrn machen. So wie in demunddem Lokal. Ich hätt da auch ein super Rezept.« Die fortgeschrittenen Experten stellen auch fest, dass das Wasser in den Toiletten zu langsam läuft und dass es im Klinglwirt zu dunkel/zu hell/zu laut/die Musik zu leise ist, oder: »Ihr brauchts unbedingt ein anderes Bier, am besten das Tegernseer/Augustiner/Lammsbräu/Untergiesinger.«

Bei Sonja kommen auch immer wieder die Öko-Überprüfer vorbei, das sind solche, die sich selbst für die noch besseren Klimaschützer/Tierschützer/Regionalverfechter halten. Die Öko-Überprüfer fragen zum Beispiel heimlich, ob das Brot auch wirklich bio ist, und bemäkeln anschließend, dass Sonjas Bio-Brot nicht vom biosten Biobäcker stammt, den es gibt.

Gerade in den ersten Wochen konnte sich Sonja vor Tipps nicht mehr retten. Jeder einzelne Experte schien vermitteln zu wollen: Wenn du diesen meinen Tipp nicht befolgst, kannst du eigentlich gleich zusperren.

»Ein bisschen hab ich das Gefühl, da hängt ein Schild an meiner Tür, auf dem steht: Berate mich. Oder: Finde den Fehler«, stöhnte Sonja.

»Ich weiß schon, die meinen das alle gut ...«

»Du könntest ja einen Briefkasten im Windfang aufstellen, wo sie alle ihre Tipps einwerfen sollen, und den kannst du dann einmal in der Woche ökologisch korrekt in den Papiermüll leeren.«

Sonja lachte.

»Ja, genau.«

»Nein, mal ehrlich. Ich glaub, das ist jetzt nur so, weil der Klinglwirt neu ist. In einem etablierten Laden gibt keiner ständig Ratschläge, oder? Du musst einfach nur abwarten, das lichtet sich.«

Ich war zurück in Berlin, und wir hingen am Telefon. Am Nachmittag war wieder so ein Schlaumeier bei Sonja gewesen. Ein PR-Berater, der häufig in den Klinglwirt kam und Sonja immer wieder ungefragt beriet. Sein Lieblingstext: Du musst hier besseres Marketing machen, dort Anzeigen schalten, Flyer drucken, Kinowerbung schalten und die Homepage aufhübschen.

Gut, beim Thema Homepage schloss ich mich immer gerne an. Die war lange Zeit wirklich Kraut und Rüben. Sonja wusste das auch, sie hatte nur einfach andere Prioritäten, außerdem kostet so eine professionelle Homepage einen Haufen Geld, und man muss erst einmal jemanden finden, der das vernünftig macht. Irgendwann ist sie dieses Projekt aber angegangen, Sie können sich das fertige Werk ja einmal ansehen: www.klinglwirt.de.

Aber zurück zu unserem ungebuchten PR-Berater: Einmal habe ich seinen Auftritt selbst miterlebt. Es war elf Uhr morgens, Aniko baute gerade draußen die Tische auf, Sonja und ich saßen in der Herbstsonne auf der Terrasse und tranken Espresso, als er um die Ecke bog.

»Ach, die Wirtin«, schrie er schon die Straße herunter und setzte sich gleich zu uns.

Und dann ging das mit dem WIR los. »Du, noch mal

wegen dem Slogan. Da müssen WIR etwas machen. Der ist einfach nicht wirklich gut. Viel zu uneindeutig.«

»Aha.«

»Also, ich find den gut«, warf ich ein.

Was Gscheits zum Essen – das sagt doch alles. Es gibt etwas Gutes, Vernünftiges zu essen, gescheit heißt ja auch klug und überlegt, der Slogan ist kurz und knackig – passt doch.

»Ja, ja«, sagte er und rollte dabei mit den Augen, als wäre ich hier der gewählte Volldepp.

»Aber Nichtbayern verstehen das nicht. Es braucht etwas Internationaleres, was Pfiffigeres.«

»Was denn?«

Ich sah ihn an.

»Es geht ja auch darum, Leute zu animieren, dass sie von weiter her in den Klinglwirt kommen. Wegen dem Besonderen hier, der Stimmung, der Qualität, das muss da alles rein.«

»Ist ja alles gut und schön«, brummte Sonja, die sichtlich genervt war.

»Aber sag doch einfach mal konkret: Was würdest du für einen Slogan machen?«

Er wusste es nicht. Aber Hauptsache, er hatte lange genug gepredigt, dass das, was es gibt, nichts taugt.

»Und was wollt er heut wieder?«

Ich ließ mich auf mein Bett fallen und freute mich fast schon auf ein paar skurrile Geschichten.

»Ach egal, irgendwas mit Kinowerbung. Aber jetzt mal was ganz anderes: Ich hab gestern zum ersten Mal Gäste rausgeworfen, also mehr oder weniger.«

»Echt? Wie das denn?«

»Das war dieses alte Ehepaar, die immer so rumgemeckert haben, weißt noch?«

Die fielen mir sofort wieder ein. Die beiden waren auch eine spezielle Art von Experten und gehörten eindeutig in die Kategorie »verbitterte Rumkeifer«. Das sind Gäste, denen man überhaupt nichts recht machen kann, weil sie einfach schimpfen *wollen*, fast schon krankhaft.

Das alte Ehepaar kam am Anfang zwei-, dreimal die Woche in den Klinglwirt. Sie war eine feine ältere Dame um die siebzig mit rosa Lippenstift, viel Make-up, Pelzmantel und im Nacken zusammengewurschtelten blondierten Haaren. Ihre Lippen waren stets gespitzt und die Augenbrauen hochgezogen für einen hochnäsigen Gesichtsausdruck. Er – ebenfalls um die siebzig, Glatze, langer beiger Mantel, grimmiges Gesicht – kam mir vor wie ihr stilles Jasager-Hündchen. Die beiden beschwerten sich immer, und immer auf eine richtig boshafte Art. »Frollein, also nein, diese Kartoffeln kann man nicht essen. Die sind furchtbar. Das ist ja wirklich kein Zustand.«

Alles war immer ganz schrecklich: Das Fleisch hatte wirklich überhaupt nicht geschmeckt, und der Salat war unmöglich. Das verkündeten sie stets in einer derartigen Lautstärke, dass oft die Gäste am Nebentisch der Kellnerin beisprangen und leise sagten: »Also bei uns war alles gut.« Man fragt sich natürlich schon, warum die beiden ständig zum Essen in den Klinglwirt kamen, wenn dort anscheinend alles immer so extrem schlecht war.

Am Tag vor unserem Telefonat – die zwei hatten ihr völlig furchtbares Essen wieder einmal komplett aufgegessen – beobachtete Sonja durchs Fenster, wie die Frau, die vor dem Laden auf ihren Ehemann wartete – er war noch auf der Toilette –, draußen auf einen Gast einredete. Sonja lief sofort hinaus und tat so, als würde sie die Tafel vor dem Klinglwirt neu beschreiben. Da hörte sie die Frau zu dem Gast – der eigentlich nur in Ruhe seine Zeitung lesen und einen Kaffee trinken wollte – sagen: »Also das Fleisch hier würd ich nicht essen, das hat wirklich überhaupt nicht geschmeckt.«

Sonja ging sofort auf sie zu.

»Komischerweise schmeckt es außer Ihnen allen Gästen hier gut und Ihnen offensichtlich nie. Also unterlassen Sie es, hier über mein Lokal herzuziehen.«

Da wurde die Dame nervös und stotterte ein bisschen herum.

»Das ist hier immer noch ein freies Land, da darf ich sagen, was ich will.«

»Ja, ist ein freies Land. Und darum sage ich Ihnen, dass es mir nicht recht ist, dass Sie hier auf meiner Terrasse die Leute anquatschen und über mein Essen schimpfen. Wenn es Ihnen bei uns offensichtlich nicht schmeckt, dann ist es wohl besser, Sie kommen nicht mehr.«

Sonja stapfte wieder hinein, der Mann kam heraus, und die beiden zogen ab.

Kurz bevor Sonja und ich telefonierten, standen die zwei wieder vor dem Klinglwirt und schauten auf die Tafel vor dem Eingang. Aber hineingekommen sind sie nicht.

Ich lachte eine Weile ins Telefon. Für Sonja war das natürlich nicht so lustig, sie war aufgewühlt.

»Na, jetzt sind sie jedenfalls weg, oder?«, fragte ich.

»Ja. Gott sei Dank.«

»Die kommen bestimmt auch so schnell nicht wieder.«

Diese Einschätzung hat sich übrigens bewahrheitet: Sie kamen nie wieder.

»Aber gut, dass deine Mama sie nicht rausschmeißen musste.«

Bei dem Gedanken schien es Sonja fast zu schüttelten.

»Ja, da hast recht.«

Für Anna war es ohnehin nicht so einfach mit den ganzen Extrawünschen der Gäste, ihren Schlaumeier-Tipps und dem Gemäkel. Anna kommt immer noch dreimal in der Woche in den Klinglwirt und hilft beim Einschenken, Bedienen und bei der Buchhaltung. Eigentlich hatte sie gehofft, das würde vielleicht mit der Zeit weniger werden, aber das hat bis heute nicht geklappt. Es ist einfach zu viel zu tun.

Einmal saß ich mit Anna auf der Terrasse beim Ratschen, und sie erzählte von den Leuten, die früher in den alten Klinglwirt gekommen waren, den Bauern, den Arbeitern vom Land.

»Weißt, die Leut hier sind halt einfach anders«, sagte sie. »Zum Beispiel mit dem Essen. Auf dem Land wird gegessen, was auf den Tisch kommt. Da muss schon wirklich viel passieren, dass sich da einmal einer übers Essen beschwert. Aber hier machen die das wegen jedem Schmarrn. Die Soße ist nicht sämig genug, der Knödel zu weich. Ständig is irgendwas. Und dann wollen sie extra Soße oder Butter oder den Kartoffelsalat bitte ohne Petersilie, dafür mit Schnittlauch.«

Anna versteht das nicht. Sie würden doch sowieso schauen, dass es immer etwas Gutes im Klinglwirt gibt, das müsse doch reichen. Anna kommen die Städter immer ein bisschen angespannt vor.

»Die Leut vom Land sind einfach unkomplizierter«, sagte sie.

Jede Beschwerde im neuen Klinglwirt bedeutet für Anna Stress, jedes Mal aufs Neue. Da hilft es auch nichts, ihr zu erklären, dass so etwas in Haidhausen normal ist und nicht immer gleich als Generalkritik gemeint.

Aber man muss auch sagen: Die meisten Gäste, die in den Klinglwirt kommen, sind unkompliziert und freundlich und gar nicht mäklerisch. Viele sind mittlerweile

Stammgäste. Da gibt es die Schafkopfer an Tisch eins, die jede Woche kommen, selbst den Tisch abräumen und dann stundenlang Karten spielen. Die sind immer recht lustig.

Dann gibt es die Nachbarn, die das Essen auf dem Teller und das Weißbier im Glas mit in ihre Wohnung nehmen und das Geschirr am nächsten Tag gespült wieder zurückbringen. Oder das junge Pärchen aus dem Haus, das mit Babyphon an der Bar sitzt und sich freut, dass es keinen Babysitter braucht, wenn es einmal ein Bier trinken gehen möchte. Die meisten Nachbarn beschweren sich auch nie über zu laute Musik oder andere Unannehmlichkeiten und sind für Sonja in vielen Dingen eine große Unterstützung geworden.

Es kommen Gäste, die Sonja CDs mit neuer bayerischer Musik vorbeibringen, weil sie gelesen haben, dass Sonja so etwas häufiger spielen will. Der Chef des italienischen Restaurants gegenüber brachte gleich am ersten Tag Salz und Brot, und seither gehen Sonja und er gegenseitig beieinander essen. Auch er ist ein wichtiger Berater und Freund von Sonja geworden.

Immer wieder kommen auch Fans der Serie »Die Hausmeisterin« in den Klinglwirt. Ein Teil der Serie wurde damals nämlich dort gedreht, was Sonja irgendwann nach der Eröffnung erfuhr. Die Fans kommen und essen und freuen sich, dass aus dem Gian Carlo, so hieß das Lokal in der Serie, etwas so Nettes geworden ist.

Nicht zu vergessen die vielen Haidhausener, die wegen des Fleischs und des Weins und der anderen guten Sachen kommen und sich darüber freuen, dass es im Viertel »wieder ein gscheits Wirtshaus gibt«. Viele waren am Anfang regelrecht ungläubig, ob das Fleisch wirklich vom Herrmannsdorfer ist, das ist bei den Münchnern anscheinend wirklich das große Ding. Die Gäste aus dem Viertel trinken sich nach und nach durch die Weinkarte und feiern ihre Geburtstage oder Weihnachten im Klinglwirt, viele von ihnen sind bei Sonja mittlerweile schon richtig zu Hause. Andere Gäste wiederum wurden durch diverse Zeitungsartikel, Berichte in Restaurantführern oder den Eintrag bei Slow Food auf den Klinglwirt aufmerksam. Manche kamen noch Monate nach dem Erscheinen des Artikels in der »Süddeutschen Zeitung« und wollten den Eierlikör probieren. Es sind die, die extra wegen Sonjas Idee kommen.

Dann gibt es die Gäste, die noch den alten Klinglwirt kannten, die Leute aus der Gemeinde Baiern. Sie kommen und sind oft zutiefst gerührt, dass der Klinglwirt wieder lebt. Einmal war ein älteres Paar da. Er war früher Stammgast im alten Klinglwirt gewesen, und sie wollte ihn überraschen, hatte ihn in die Stadt gelotst und nicht erzählt, wo es hingehen sollte. Als er das Schild am Haus sah, hat er fast geweint vor Glück, erzählte sie uns später. Einmal kam auch ein ganzer Bus mit den Landfrauen aus der Gemeinde Baiern, sie marschierten alle in Tracht die Straße hinunter auf den Klinglwirt zu. Sonja sah sie vom Küchenfenster ihrer Wohnung aus und fragte sich, ob vielleicht gerade Auer Dult ist, denn auf dem Volksfest ziehen ja viele ihre Tracht an. Dann aber erkannte sie die Frauen und lief schnell zu ihnen hinunter. Das sind natürlich immer die tollsten Besuche für Sonja und Anna.

All diese Gäste kommen und essen und trinken und ratschen und spielen Schafkopf, und es ist lustig und gemütlich. Sie alle wollen natürlich am liebsten Sonja treffen und noch einmal die Geschichte vom Uropa hören, und sosehr Sonja das auch freute: Eines Tages wurde ihr einfach alles zu viel.

Hauptsache raus

Mein Handy surrte schon eine Weile, ich versuchte es zu ignorieren. Donnerstag, acht Uhr morgens, wirklich nicht meine Zeit. Es wurde still. Dann surrte es wieder, und jetzt kam mir das Geräusch noch aggressiver vor.

»Oh Mann.«

Ich stolperte zum Schreibtisch und grabschte nach dem Handy. *Sonja ruft an* stand auf dem Display.

»Ja.«

»Hallo! Hast du noch geschlafen?«

»Nein, ich komm grad aus dem Club.«

»Echt?«

»Nein, nicht echt.«

»Ah, sorry.«

»Schon gut. Was los?«

»Ich muss weg. Jetzt.«

»Was musst du?«

Ich ließ mich auf den Schreibtischstuhl fallen.

»Können wir übers Wochenende wo hinfahren? Irgendwo in ein Hotel auf dem Land. Mit Ruhe. Ich brauch Ruhe. Und eine Sauna und einen Pool.«

»Klar, kömma schon machen. Wann denn?«

»Morgen. Die Mama kommt in der Früh, Aniko ist eh da, und am Abend sind sie zu dritt. Samstagvormittag haben wir jetzt sowieso immer zu. Der Abend ist auch gesichert, Sonntag müsst ich zurück.«

»Okay, du hast also die Flucht schon geplant.«

»Jawohl. Kannst du?«

»Ich muss schaun. Ich hab zwei Termine morgen. Aber ich hätt schon Bock. Vielleicht kann ich die verschieben. Wo willst du denn hin?«

»Mir egal. Vielleicht könnten wir uns in der Mitte treffen.«

»Zwischen uns?«

»Ja.«

»Thüringen oder was?«

»Ja, super. Thüringen klingt entspannt. Wald und Wiesen.«

Ich lachte. 50 Euro darauf, dass Sonja keine Ahnung von Thüringen hatte und auch noch nie dort gewesen war. Aber es war ihr offensichtlich gerade wurscht, wo wir hinfuhren, Hauptsache, sie kam raus.

»Pass auf, ich mach mir jetzt mal nen Kaffee, dann versuch ich meine Termine loszuwerden.«

»Ja, super. Und ich schau, ob ich ein paar Hotels in Thüringen finde.«

Zwei Stunden später rief ich Sonja an.

»Alles klar, es klappt. Ich hab meine Termine verschoben.«

»Super, und ich hätt was gefunden. Gibt zwar keinen Pool, aber dafür ne Sauna und Drei-Gänge-Menü und Wanderwege vom Hotel aus, das liegt mitten im Wald.«

Am nächsten Tag kamen wir mit dem Bummelzug in einem thüringischen Mini-Städtchen an, stiegen in das einzige Taxi, das am Bahnhof stand, und ließen uns zum Hotel fahren.

Wir checkten ein, brachten unsere Taschen ins Zimmer und beschlossen, noch eine Runde ums Haus zu wandern, bevor es dunkel wurde. Wir liefen einen breiten Wanderweg den Berg hinauf. Es war Spätherbst, viele Bäume hatten schon keine Blätter mehr, an einigen hingen noch rote und gelbe. Der Boden war schon kalt genug, sodass wir auf dem Feldweg nicht im Matsch versanken. Wir spazierten durch den kühlen Nebel.

Sonja sagte kaum etwas. Sie grub ihre Hände in die Bettdeckenjacke und sah auf den Boden. Ich machte ab und zu einen blöden Spruch über Hitchcock und Nebel und Horrorfilme in Thüringen. Sonja reagierte kaum. Also hielt ich irgendwann den Mund.

Zurück im Hotel, wollten wir vor unserem Drei-Gänge-Überraschungsmenü noch einen Saunagang einlegen. Die Rezeptionsdame schaltete die Sauna an, wir trabten mit Hotelschlappen und Bademantel in den Keller in einen großen schweinchenrosa gestrichenen Raum mit schweinchenrosa Fliesen auf dem Boden. Darin waren vier Liegestühle, eine hölzerne Saunakabine, eine Dusche, ein kleines Kneippbecken und eine riesige Fensterfront, die fast eine ganze Wand des Raumes einnahm und zum Wald hinausging. Wir waren allein hier unten, also rein in die Sauna, Schwitzen, Schweigen, Abduschen, Hinlegen, gleich noch eine Runde. Danach lagen wir auf den Liegestühlen und sahen durch das Fenster in die thüringische Dunkelheit.

»Also, was ist los?«, fragte ich.

Sonja atmete tief ein.

»Es ist einfach viel. Zu viel, zu eng.«

Sonja schwieg noch eine Weile, dann fing sie an zu erzählen.

»Wenn ich aufwache, hör ich, wie die Fässer verladen werden. Die sind so schwer, man hört das. Die Bierfahrer kommen immer so um neun, dann bin ich wach und steh auf. Um halb elf hör ich Aniko, wie sie draußen die Kette von den Stühlen wegmacht und alle aufklappt. Dann ruft die Brauerei an wegen der Bestellungen oder der Weinhändler. Dann ist es elf, und ich hör, wie Aniko die Markisen ausfährt, hör die Gäste reden und die leichten Bässe von der Musik aus dem Laden. Den ganzen Tag. Um zwölf geh ich runter und bediene bis zwei oder drei. Außer an den Tagen, wo meine Mama kommt, dreimal die Woche. Sie hilft unten mittags mit, danach kommt sie hoch, wäscht, bügelt, hilft mir bei der Buchhaltung oder bei der Steuer oder bei den Abrechnungen. Am Nachmittag poltert Hansi rauf, legt sich eine Stunde hin, um vier zieht er sich um und geht wieder runter. Ab sechs bin ich wieder unten und erzähle die Geschichte vom alten Klinglwirt wieder und wieder. Ich muss immer wieder erklären, warum wir ausgerechnet Löwenbräu ausschenken und warum der Schweinsbraten keine gebundene Soße hat, bis um zehn oder elf. Wenn ich dann wieder oben bin, hör ich, wie die Kellner die Außenbestuhlung zusammenklappen, die Markisen einfahren, die Kette rumziehen. Und wenn sie vergessen haben, die Markisen einzufahren, und ein Gewitter kommt, dann lauf ich mitten in der Nacht runter und kurbel sie rein, im Schlafanzug bei strömendem Regen. Und jeden Tag hör ich das Personal ratschen, bis um eins oder zwei in der Früh, so lange, bis sie heimgegangen sind. Der letzte Akt des Tages ist dann, dass ich am Fenster neben meinem Bett den Vorhang zuziehe, und am liebsten würd ich noch ›Gut Nacht John Boy‹ in die Kneipe gegenüber rufen. Da kenn ich natürlich auch alle, und alle kennen mich und wissen, wo mein Zimmer ist. Die sehen genau, wann ich das Licht ausmach und ins Bett geh.«

Sonja atmete laut aus. Wir starrten aus dem Fenster. An der unteren Seite des Fensters wuchsen ein paar Sträucher. Sie wackelten ganz leicht im Wind.

»Ich wohn in meiner Arbeit, mittendrin. Ich bin dort vierundzwanzig Stunden am Tag, und wenn ich mir mal freinehme und irgendwo anders bin, allein an der Isar, am See, klingelt alle halbe Stunde das Telefon. Da will jemand ein Plakat aufhängen, darf er das? Eine Kellnerin ist nicht gekommen, die Kühlanlage ist wieder ausgefallen, was machen wir jetzt? Und wenn ich heimkomme, egal wie, mit Einkaufstüten bepackt oder mit nassen Flecken vom Bikini auf dem T-Shirt, muss ich immer am Lokal, an meinen Angestellten und an den Gästen auf der Terrasse vorbei. Dann seh ich, dass die Aschenbecher voll sind oder das Licht zu hell ist oder die Musik zu leise, oder ich schau nach dem Tagesumsatz, oder ein Kellner erzählt mir, ein Gast hat sich heute über das und das beschwert, und schon bin ich wieder mittendrin. Ich wohn in diesem Laden. Und ich komm da nicht raus.«

»Hm-m. Und das zehrt?«

»Ja. Brutal.«

Wahrscheinlich waren die dünnen Äste der Sträucher braun mit kleinen grünen Blättern dran. Aber in der Dunkelheit sahen sie einfach nur dunkel aus. Einer der Äste klatschte gegen die Scheibe. An seiner Spitze hing wohl eine Knospe oder eine kleine Nuss, denn es machte immer ganz leise tock, tock, tock.

»Was ist mit einer anderen Wohnung? Ein bisschen weiter weg vom Klinglwirt? Das würde doch schon helfen.«

»Ja, geht aber nicht. Die Wohnung gehört zum Vertrag, ich darf, wenn überhaupt, nur an Personal vermieten.«

»Hm-m.«

Vielleicht regnete es draußen. Oder die kleinen Blätter am Strauch waren feucht vom Nebel.

»Ist es zu viel?«

»Was meinst du?«

»Ich meine, wenn dir das alles vorher klar gewesen wäre, hättest du es trotzdem so gemacht?«

Sonja sah aus dem Fenster. Sie schien zu überlegen.

»Ich glaube, mir war nicht klar, dass ich so vereinnahmt werde. Ich habe es sonst auch immer geschafft, einen Rückzugsort zu finden – von der WG, von der Arbeit. Ich dachte, das klappt wieder, das klappt immer, wenn man will. Ist aber nicht so. Ich meine, auch abends nach Feierabend, wenn ich fernsehe, höre ich ein Lachen, das mir bekannt vorkommt, oder einer winkt von der Straße hoch. Es ist wie in einem großen Dorf.«

»Witzig, genau das wolltest du ja eigentlich haben.«

»Ja, schon … Weißt du, dass es hart wird, das war mir schon klar. So viel wusste ich ja noch vom alten Klinglwirt. Aber wie sich das anfühlt, einen eigenen Laden zu haben, das weißt du vorher nicht. Das kann dir auch keiner beschreiben. Das ist wahrscheinlich wieder wie mit dem Kinderkriegen. Man kann das vorher nicht erklären. Niemand kann das. Wie sich das anfühlt, weißt du erst, wenn es da ist.«

»Hm-m.«

Rechts unten blieb jetzt ein Blatt an der Scheibe kleben. In dem Licht von drinnen sah es nun wirklich grün aus. Vielleicht hatte es der Wind hergeweht.

»Was ist überhaupt mit Männern?«

»Na, das ist nicht so einfach, wenn die Mama ständig im Schlafzimmer steht.«

Wir lachten.

»Na, Schmarrn. Ich glaub, ich könnt mich jetzt nicht verlieben. Kein Platz dafür. Obwohl viele immer gleich fragen: Machst des mit deinem Mo zam, oder?«

»Klar, ist ja auch der Klassiker in Bayern. Er kocht, sie bedient.«

»Ja, aber ganz ehrlich, so würde ich das eh nicht wollen. Ich will weder in einer schiefen Beziehung hängenbleiben müssen, nur weil man ein Geschäft zusammen hat, noch würde ich wollen, dass meine Beziehung draufgeht, weil man die ganze Zeit zusammenarbeitet und nur noch Stress hat.«

»Also keinen Gastronomen.«

»Eher nicht. Na obwohl, mal schaun.«

Der Wind draußen schien ein bisschen nachzulassen. Das Tocken wurde langsamer und leiser.

»Also, was denkst du? Wenn du das alles gewusst hättest, hättest du es nicht gemacht? Die Kneipe, den Klinglwirt?«

»Ich weiß es nicht.«

Der kleine Ast trommelte nun ganz seicht, tock, tock, tock, tock.

»Es ist eher so, dass ich mir denke, gut, dass ich das alles nicht gewusst hab. Sonst hätt ich mir das wahrscheinlich nicht zugetraut. Das mit dem Wohnen, das würde ich so nicht mehr machen, aber die Wahl hatte ich ja nicht. Die Frage, wo ich wohne, war mir damals auch wurscht, und ich hab eher gedacht, ist ja gut, wenn ich überm Laden wohne, dann bin ich immer gleich da, falls mal was ist, und kann einspringen oder mich darum kümmern. Ist auch wirklich oft praktisch. Aber auf Dauer bringt es einen um.«

»Hm-m.«

Ein Windstoß wehte von hinten durch den Strauch, und mehrere Äste tockerten gleichzeitig gegen das Fenster. Tockertocktocktocktock.

»Aber nein, natürlich hätte ich es trotzdem gemacht. Das weißt du doch. Ist halt einfach mein Laden.«

»Ja, und wenn er dich nur einmal anlächelt, gibt er dir alles wieder, oder?«

Sonja lachte, nahm ihr Handtuch und ging in Richtung Sauna.

»Ja, genau. Leider wahr.«

Kein Problem – ich kenn die Wirtin

Nicht nur die »Süddeutsche Zeitung« hatte über Sonja und den Klinglwirt geschrieben, sondern auch die »Abendzeitung«, die »tz«, »Prinz«, »In«, »Welt«, »Münchner Merkur«, »Delikat Essen«, »München geht aus« und so weiter und so weiter. Die »NZZ« schrieb über die Renaissance der bayerischen Küche und nannte den Klinglwirt als Beispiel, »Who is Who Deutschland« rühmte Sonja als besondere Unternehmerpersönlichkeit, sie hält jetzt sogar Vorträge an ihrer alten Hochschule über ihre Firmengründung. Leute vom Radio kamen in den Klinglwirt, interviewten Anna, und sogar im Fernsehen wurde einmal über den Klinglwirt berichtet, das hat jedenfalls ein Gast erzählt.

Aber der Höhepunkt des Ganzen war die Wahl zum Münchner des Jahres Ende Dezember 2011. Die »Süddeutsche Zeitung« veranstaltet das jedes Jahr. Sie stellt zwanzig Leute zur Auswahl, und jeder kann dann im Internet ankreuzen: »Der ist mein absoluter Lieblingsmünchner« oder »Bloß den nicht«. Zum Jahreswechsel werden dann die Top Fünf der beliebtesten Münchner ausgerufen.

2011 waren so Leute nominiert wie Philipp Lahm, Nina Eichinger, Christian Ude, Bully Herbig – und Sonja.

»Krass, was ist das denn?«, brüllte ich ins Telefon.

Sonja hatte den Link zur Wahl auf ihrer Facebook-Seite gepostet, ich entdeckte das erst ein paar Tage später und rief natürlich gleich an.

»Keine Ahnung. Ein Stammgast hat mir einen Link davon geschickt. Sonst hätt ich das auch nicht mitgekriegt.«

»Na, jetzt wissen es jedenfalls ALLE. Ich hab es jedem geschickt und es schon ein paarmal gepostet.«

Sonja lachte.

»Alles klar. Meine Kellner stehen auch stündlich am Computer und schauen nach, wie der Stand ist.«

»Ja sicher. Mach ich auch.«

»Na ja. Also, ich will das jetzt mal nicht überbewerten. Was sagt so was schon aus? Außerdem, nicht dass ich danach auf dem letzten Platz lande und dann enttäuscht bin.«

»Im Moment bist du auf Platz acht.«

»Echt?«

»Ja.«

»Okay. Cool.«

Bis zum Jahresende animierte ich weiterhin den kompletten Freundeskreis zum Klicken, auch Familie und Bekannte und überhaupt alle, die ich traf. Ob das etwas gebracht hat, weiß ich nicht. Am Ende schaffte Sonja es jedenfalls auf Platz sechs. Sie war damit beliebter als Philipp Lahm, und in der Kategorie »Hat die Stadt bereichert« schnitt Sonja sogar am besten ab.

Ich war stolz wie ein Auerhahn.

Was diese ganze Aufmerksamkeit der Presse aber bedeutete, fiel mir erst so richtig auf, als ich wieder in München war.

Ein paar Tage vor Silvester zum Beispiel saß ich mit meinem Freund an der Bar im Klinglwirt. Es war etwa elf Uhr, und Sonja war schon nach oben gegangen in Richtung Bett. Da kam ein Typ zur Bar, lehnte sich an den Tresen und sagte zur Kellnerin:

»Du, de Sonja is oben, oder?«

»Ja.«

»Geh, sag ihra doch amal, sie soll oba kemma.«

Die Kellnerin sah mich fragend an, ich zuckte mit den Schultern: Ich kannte ihn auch nicht.

»Wer sind Sie denn, und worum geht's bitte?«

Sie zog Zettel und Stift aus ihrer Tasche und wollte mitschreiben. Der Typ lachte und winkte abmoderierend mit der linken Hand.

»Geh, des bast scho, glaubs ma. Sag ihra einfach, sie soll oba kemma.«

Ich musterte ihn kurz – Jeans, Karohemd, dünn, um die fünfzig, braune zottelige Haare, Schnauzbart –, keine Ahnung, woher Sonja den kannte. Vielleicht war es irgendein Geschäftsfreund, er könnte ein Kühlanlagentechniker sein oder so. Ich sah die Kellnerin an, zuckte noch einmal mit den Schultern, dann rief sie Sonja an. Zehn Minuten später stand Sonja wieder unten, sie wirkte ein wenig verschlafen. Wir deuteten auf den Tisch, an den sich der Typ wieder zu seinen Leuten gesetzt hatte. Sonja ging hin, fünf Minuten später stand sie wieder bei uns. Ich sah sie fragend an.

»Der war vielleicht schon ein-, zweimal hier, und ich hab mich mit ihm unterhalten. Und jetzt wollte er nur mal Hallo sagen.«

»Ach, Hallo sagen. Deswegen staubt er dich aus dem Bett?«

»Ja.«

Sonja zog die Augenbrauen hoch.

»Aber ich schätz mal, der wollte seinen Kumpels beweisen, dass er die Wirtin kennt.«

Wir grinsten, Sonja winkte noch einmal und ging wieder ins Bett.

Solche Geschichten häuften sich in dieser Zeit. Irgendwann sagte Sonja ihrem Personal, sie mögen sie doch bitte nicht wegen jedem Schmarrn aus dem Bett holen oder tagsüber aus dem Büro klingeln. Ruft mich nicht alle zwanzig Minuten an, sagte sie, schreibt einen Zettel. Wer mich wirklich gut kennt oder eine Verabredung mit mir hat, der hat meine Handynummer.

Auch wenn Sonja damals durch den Klinglwirt lief, Bier einschenkte oder Teller an die Tische brachte: Viele Gäste im Lokal erkannten sie sofort. Sie nickten ihr zu – »ah, die Wirtin, servus« – oder flüsterten ihrem Gegenüber ins Ohr: »Schau hi, des is de Chefin.« Wenn ich mit Sonja durch die Straßen in Haidhausen ging, hörten wir Leute hinter uns flüstern: »Du, i glaub, des is de vom Klinglwirt«, und wenn wir beim Italiener um die Ecke Gorgonzola-Rucola-Pizza aßen, begrüßte sie der Chef mit Handschlag, die Kellner schienen alles noch perfekter machen zu wollen, und am Ende gab es Schnaps oder Espresso aufs Haus. Einmal waren wir zu einer Feier eingeladen. Wir klingelten, die Tür ging auf: »Schauts her, das ist die Sonja, die ist die Chefin vom besten bayerischen Lokal überhaupt, dem Klinglwirt.« »Aaaaaah«, machten die Gäste und schauten uns an. »Das ist also die Sonja.« Plötzlich grüßten Leute, die vorher einfach an Sonja vorbeigegangen waren, sie ganz freundlich, fragten, wie es läuft, und lächelten dabei breit. Überhaupt kamen auf einmal viele Menschen in den Klinglwirt, »die ja die Sonja kennen«: Freunde von Freunden, entfernte Verwandte, Exarbeitskollegen, Klassenlehrer aus der Grundschule, Mitschüler aus der zweiten Klasse. Sie alle standen vor Sonja: »Mensch, wir waren doch zusammen in dem einen Italienischkurs damals, weißt du nicht mehr, wie läuft's denn so?«

Kurz: Sonja war plötzlich hip.

»Ist doch cool«, sagte ich und hob einen der Stühle vom Tisch. Es war der erste Januar, Silvester war vorbei – ausreservierter Klinglwirt, Wildschwein und Knödel, Feuerwerk vor der Tür, Tanzen an der Bar –, und wir richteten alles für das Abendgeschäft her.

»Ja, klar, schon. Aber …«

Sonja stellte einen Stuhl auf den Boden und lehnte sich darauf.

»Ich hab manchmal das Gefühl, die Leute kommen jetzt mit einer Wahnsinnserwartung hier rein, weil wir in der Zeitung so gelobt wurden. Wenn sie dann einmal eine Minute länger auf ihr Bier warten müssen oder es heute kein Schnitzel gibt, sind sie gleich doppelt enttäuscht. Aber ich wollt ja eigentlich einen ganz normalen Laden machen, mit Ecken und Kanten.«

»Ich würd sagen: Luxusprobleme.«

»Ja, stimmt auch wieder.«

Sonja grinste, hob noch einen Stuhl herunter und noch einen. Das schien sie gar nicht mehr sonderlich anzustrengen, obwohl diese alten Holzstühle sauschwer sind. Finde ich jedenfalls. Aber vielleicht sind es besondere Muskelpartien, die man als Wirtin trainiert. Stuhlschwing-Muskeln.

»Oder auch wenn ich mal nicht da bin. Dann sind manche Leute gleich richtig enttäuscht oder machen Sprüche, ob ich es jetzt schon nicht mehr nötig hätte zu arbeiten. Auch wenn ich oben im Büro sitze und Abrechnung mache. Aber sie sehen mich nicht im Laden und glauben dann, ich bin mit dem vielen Geld am Starnberger See.«

»Stimmt ja auch«, grinste ich.

»Ja klar.«

Sonja lachte, holte die Deckchen aus einer Schublade und fing an, sie auf die Tische zu legen.

»Ach, vielleicht bewundern sie dich auch einfach. Ich meine, es gibt so viele, die auch mal eine Kneipe aufmachen wollten, sich aber nie getraut haben.«

»Ja schon. Aber grad wenn die dann über mich in der Zeitung lesen, glauben sie, ich hab ein Traumleben. Hat neulich wieder einer zu mir gesagt: Du bist halt eine, die ihre Träume lebt. Aber dass das hier sauviel Arbeit ist, geht in dem ganzen Hype unter.«

»Sollen die Aufsteller da auch auf die Tische?«, fragte ich.

Sonja sah zu mir hinüber.

»Nein lass, die waren fürs Silvesteressen. Du könntst die Besteckkrüge fertig machen.«

Ich ging zum Servicetisch und fummelte in jeden Krug Messer, Gabeln und Servietten hinein. Himmel, da könnte sich auch mal jemand ein besseres System ausdenken, damit die Servietten dabei nicht immer so verknautschen.

»Ein paar Leute kommen auch gar nicht damit klar, hab ich das Gefühl. Gerade jetzt mit dem Rummel.«

Ich hörte einen Moment auf mit Stopfen und sah Sonja an.

»Was meinst du?«

»Der Casual-Klatscher zum Beispiel. Der war einmal da und hat sich dann nie wieder gemeldet.«

»Na, um den ists jetzt auch nicht schad, oder?«

»Des nicht.«

Ich hob ein paar Krüge hoch und fing an, sie auf den Tischen zu verteilen.

»Ganz ehrlich«, sagte ich, »ich glaub, der Casual-Klatscher ist einfach so einer, den dein Erfolg an seinen eigenen Misserfolg erinnert. Der hat jetzt das Gefühl, du hättest ihn überholt.«

»Ja, wahrscheinlich. Und plötzlich fühlt er sich so,

als müsste er mit mir auf Augenhöhe reden, und darum kommt er lieber gar nicht mehr. Weil er nicht weiß, wie das geht.«

»Ja, weil du auch so klein bist.«

»Nein, ehrlich. In letzter Zeit muss ich öfter an das denken, was die Wirtin aus Zell damals zu mir gesagt hat.«

»Was denn?«

»Na, die sagte: Du trittst jetzt von der zweiten in die erste Reihe, und das wird dein Leben am allermeisten verändern.«

Wegen Silvester-Vorsätzen geschlossen

Vielleicht ist es tatsächlich nur ein Münchner Phänomen, und in Hamburg oder Osnabrück oder Paris ist das gar nicht so wild. Aber in München gibt es eine eiserne Gastroregel: Im Januar ist nichts los. Im Februar ist auch eher wenig Geschäft, ab März geht es wieder aufwärts. Aber der Januar ist besonders düster. Manche sagen, am besten sperrt man sein Restaurant im Januar gleich zu. Das tun einige auch. Die meisten aber reduzieren in dieser Zeit einfach ihr Personal und bedienen die drei Gäste am Abend selbst. Oder sie bieten besondere Winterspecials an, um doch ein paar Stubenhocker aus ihren kuschelig geheizten Wohnzimmern zu locken. Ich glaube allerdings, das funktioniert nicht besonders gut, schließlich haben sich die Leute vorgenommen: Im neuen Jahr essen wir weniger, wir sind schon fett genug von der Weihnachtsgans und den ganzen Stollen, oder wir geben ab sofort weniger Geld aus, weil wir alles an Silvester verjubelt haben. Oder vielleicht ist ihnen auch einfach nur zu kalt, um vor die Tür zu gehen. Niemand weiß genau, warum der Januar so ein mieser Monat ist.

Aber es ist so, und pünktlich ab dem ersten Januar war auch der Klinglwirt leer – und Sonja zunächst erleichtert. Zum ersten Mal seit der Eröffnung konnte sie ein bisschen durchatmen, weil sie sich keine Sorgen machen musste, dass das Essen oder das Bier ausgeht oder zu wenig Kellner da sind. Sie fuhr zwei Tage nach Bad Birnbach zum

Wellnessen, sortierte ihr Büro, richtete eine vernünftige Lohnbuchhaltung ein, bastelte Listen für die Stundenabrechnung vom Personal. »Endlich krieg ich mal nen Überblick«, schrieb mir Sonja in einer E-Mail.

Zum Beispiel darüber, was genau sie in den letzten Monaten verdient hatte, das hatte Sonja bis dahin immer nur vage abgeschätzt. Wenn die übliche Wie-läuft's-Frage kam, sagte Sonja oft: »Ganz gut, soweit ich das überblicken kann.« Jetzt rechnete sie nach.

Als gegen Ende Januar immer noch keine Gäste kamen, beschloss Sonja, dass es nun an der Zeit war, das Personal ordentlich anzuleiten. Sie schrieb Checklisten, auf denen stand, wer was täglich zu tun hat, und dann bestellte sie alle ein.

»Sag mal, du bist doch auch bald wieder hier, oder?«, fragte Sonja bei einem unserer Telefonate.

»Nächste Woche. Warum?«

»Ich wollte Anfang Februar eine Personalbesprechung für alle Serviceleute machen, und da könntst mir helfen. Ich hab da nämlich einen Plan.«

»Na, da bin ich mal gespannt.«

»Es ist einfach so: Ich hab das Gefühl, gerade jetzt, wo wenig los ist, schleicht sich so eine allgemeine Faulheit ein. Ein paar Kellner stehen nur noch an der Bar herum, lesen Zeitung oder posten während der Arbeitszeit irgendwelchen Schmarrn auf Facebook. Manche ziehen auch so eine Null-Bock-Lätschn.«

Ich musste lachen. Mit der Null-Bock-Lätschn meinte Sonja wohl so etwas wie einen besonders unmotivierten Gesichtsausdruck. Aber so klang es natürlich viel treffender. Sonja erzählte weiter von ihren Kellnern: dass manche die hereinkommenden Gäste nicht grüßten, weil sie gerade konzentriert eine SMS tippten, dass die Aschenbecher draußen immer seltener geleert wurden, dass nachts die Lüftung durchlief oder die Außenbeleuchtung brannte oder die Kaffeemaschine noch an war, weil die Kellner vergessen hatten, sie auszuschalten – was Sonja doppelt ärgerte, weil das alles natürlich unheimlich viel Strom frisst.

Am liebsten hätte sie ihr Personal »gscheit zamgschissen«, O-Ton Sonja. Aber sie erinnerte sich an die vielen Personalbesprechungen aus ihrer eigenen Gastrozeit, bei denen sich der Chef hingesetzt und einen Frontalanschiss losgelassen hatte. Danach waren alle schlecht drauf, fanden den Chef blöd, und gebracht hat es nichts. Also hatte sich Sonja Folgendes überlegt:

»Ein Theaterstück.«

»Theaterstück? Geh schau her.«

»Jawoll. Ich dachte mir, am besten bringt man Menschen etwas bei, indem man es ihnen zeigt, also darstellt. Wir könnten vielleicht Worst-Case-Szenen vorspielen und dann zeigen, wie es im Optimalfall laufen sollte. Du müsstest den Gast spielen.«

»Den Gast. Aha.«

Ich sah mich an einem Tisch sitzen, Bedienung Sonja steht vor mir und will gerade den Teller abräumen, und dann maule ich sie so richtig an: dass ich viel zu lange aufs Bier warten musste, dass das Essen kalt war und das Brot viel zu hart. Überhaupt ist es saumäßig laut hier drin, und aus dieser einen Ecke da drüben stinkt es ganz ekelhaft herüber.

Ich war schon gespannt, was Sonja da für Besänftigungstricks anzubieten hatte. Wahrscheinlich würde ich viel Schnaps trinken müssen.

»Alles klar«, sagte ich.

»Ich bin dabei.«

Eine Woche später, an einem Freitagnachmittag, saß ich mit Sonja und acht Kellnern am Stammtisch. Eigentlich hatte Sonja zwölf Serviceleute, doch die anderen vier hatten ganz, ganz wichtige andere Termine. Na ja, immerhin waren acht da. Im Klinglwirt saßen außer uns nur vier oder fünf Gäste an den Tischen verteilt, die Kellner hatten Kaffee oder Apfelschorle vor sich stehen, draußen nieselte es, und wir schauten alle gespannt auf Sonja.

»Also …«

Sonja holte kurz Luft und sah auf ihren Zettel. Ich glaube, ein bisschen nervös war sie schon.

»Ihr könnt euch ja vorstellen, was der Januar für mich bedeutet hat. Es war ein großer Umsatzeinbruch, und wenn ich dann auch noch das Gefühl hab, dass ihr hier nur rumhängt – das geht einfach nicht. Also, ich sag's euch ganz ehrlich: So wie es jetzt läuft, kann das nicht mehr weitergehen.«

Keiner sagte etwas. Die meisten schauten auf den Tisch, eine Kellnerin rührte ganz langsam in ihrem Cappuccino, und ich bekam ein wenig Angst, dass Sonja gleich doch zum Frontalanschiss ausholen würde.

»Wir müssen einfach besser werden. Wir alle. Gerade jetzt, wo wir nicht ständig im Stress sind, haben wir doch Zeit, um richtig guten Service zu machen. Ich weiß schon, für euch alle ist das nur ein Nebenjob. Aber ihr habt hier die Chance, neben eurem Studium noch einen anderen Beruf richtig gut zu lernen. Einen, in dem ihr immer einen Job finden werdet. Also nutzt die Chance. Zumindest erwarte ich von euch, dass ihr hier mitarbeitet.«

Stille. Na ja, nicht ganz. Der Löffel der Kellnerin klackte wieder leicht gegen die Tasse. Sollte ich jetzt einhaken?

»Was ich damit sagen will, ist: In letzter Zeit haben sich viele Fehler eingeschlichen, und damit ihr mal seht, wie euer Verhalten auf die Gäste wirken kann, spielen Maria und ich euch jetzt ein paar Szenen vor.«

Puh, gut. Sonja hatte die Kurve gekriegt. Jetzt war also ich dran.

Ich sprang vom Tisch auf und lief zur Tür hinaus. Sonja stellte sich hinter die Bar und zog ihr Handy aus der Tasche. Wir führten zuerst die Variante »Kellnerin Sonja sieht mich gar nicht und tippt stattdessen auf ihrem Handy herum« auf und anschließend das gleiche Szenario, so wie es sein sollte: »Kellnerin Sonja begrüßt mich freundlich und führt mich zum Tisch«. Dann folgte ein kleines Stück, in dem Kellnerin Sonja die Tagesgerichte nicht auswendig weiß und herumstottert, plus Gegenentwurf: Kellnerin Sonja erzählt vom Salat mit Kastanien und Gemüse, den sie heute selbst schon gegessen hat, schmeckt super. Wir spielten noch verschiedene Beschwerdeszenen vor, in denen ich wild schimpfte und Sonja versuchte, mich zu besänftigen. Mal mehr, mal weniger erfolgreich. Mehr erfolgreich in meinem Fall mit Schnaps.

»Also, bei Beschwerden ist das nicht immer so einfach«, sagte eine Kellnerin.

»Wenn jemand sagt, die Soße vom Schweinsbraten ist ihm zu dünn, was soll ich denn da sagen?«

»Auf jeden Fall nicht, ja, alles klar, ich sag's dem Koch. Das brauchst ihm ned sagen, er wird sie deswegen nicht anders machen. Sag dem Gast, tut mir leid, dass es dir nicht geschmeckt hat, aber wir machen die Soße so, weil wir sie naturbelassen einfach am besten finden. Vielleicht probierst des nächste Mal des Rahmgeschnetzelte.«

»Hm-m.«

»Was ist überhaupt mit dem Duzen?«

»Wie?«

»Ja, sollen wir oder nicht?«

So ging es eine Weile. Die Kellner fragten plötzlich eine ganze Palette an Sachen ab – Räumen wir die Teller ab, wenn erst einer am Tisch fertig gegessen hat, oder nicht? Wo fassen wir die Weingläser an? –, und wir diskutierten. (Ergebnis: Duzen ja; Teller abräumen erst, wenn alle am Tisch fertig sind; Weingläser werden am Stiel zum Tisch gebracht, denn egal ob im Wirtshaus oder Nobelrestaurant: Fingerabdrücke am Glas sind hässlich.)

Zwischendurch brachte Sonja immer wieder die Dinge an, die sie loswerden wollte. So etwas wie: Ihr dürft durchaus auch den Tisch abwischen, wenn Gäste gegangen sind. Es ist nicht verboten, den Gästen schon vor dem Essen Besteck auf den Tisch zu stellen.

Am Ende war es tatsächlich eine recht lustige Besprechung, und ich hatte das Gefühl, dass die Servicekräfte viele Dinge nicht aus Faulheit nicht machten, sondern weil sie oft nicht wussten, wie sie mit einer Situation umgehen sollten. Dafür war diese Besprechung wirklich gut gewesen.

»Sagt mal, bevor ihr jetzt geht, hätt ich noch eine Frage an euch.«

Sonja wartete kurz, bis alle aufgehört hatten zu reden.

»Was glaubt ihr, was wir machen können, um den Umsatz zu steigern?«

»Hm.«

Großes Grübeln.

»Vielleicht öfter mal Veranstaltungen«, sagte einer. »Jetzt ist ja bald Fasching. Wir könnten ein Fest machen.«

Hach, ein Faschingsfest. Ich musste sofort an den Donnersberger Hof denken. Sonja zwinkerte mir zu, sie hatte wohl denselben Gedanken. Schließlich waren wir wie jeder ordentliche Münchner Monaco-Franze-Fans. Damals in der WG hatten wir die Serie nächtelang geschaut, wahrscheinlich könnten wir die meisten Folgen heute noch synchron mitsprechen. In einer Folge liegt Monaco Franze krank im Bett, aber sein Spezi Kopfeck will unbedingt mit ihm zum Faschingsball in den Donnersberger Hof, er verkleidet als Leichtmatrose und Monaco als Herr der Sieben Meere, »so wie jed's Jahr halt«. Ganz ehrlich, ich war nie ein ausgesprochener Faschingsfan, aber seit dieser Folge hat es mich doch ein wenig erwischt, vielleicht ist das etwas Nostalgisches. Und außerdem: Veranstaltungen sind ja immer gut, um ein paar mehr Leute in den Laden zu holen, damit hatte der Kellner schon recht. So kann man schließlich auch auf den Klinglwirt aufmerksam machen. Das Faschingsfest war also beschlossen.

»Da brauchen wir aber ein Motto«, sagte Sonja.

»Hm-m.«

Wieder grübelten wir.

»Wie wär's denn mit Münchner Originalen«, sagte der ideengebende Kellner.

»Münchner Originale.«

Wir strahlten.

»Genau. Des machma.«

Steppende Bavarien und tanzende Maibäume

Es sollte ein legendärer Fasching im Klinglwirt werden, so wie eben jener im Donnersberger Hof. Und weil jede Legende einen gescheiten Anfang braucht, schmiedeten wir große Pläne: Eine ordentliche Faschingsband musste her, Sound- und Lichtanlage, Plakate, Flyer, die ganze Palette. Also los:

Sonja trieb mit der üblichen Rumfragetaktik eine Faschingsband auf und handelte sie auf einen Bruchteil ihrer normalen Gage herunter. Ich buchte bei einem Soundverleih am Stadtrand Boxen, Mischpult, ein paar Blinkelichter und Mikrofone. Eine Kellnerin, die eigentlich Grafikdesign studiert, entwarf Plakate und Flyer (da wären wir wieder bei den Vorteilen der Studenten-Kellner). Sie nahm dafür ein uraltes Foto, auf dem man Anna auf einem Liegestuhl vor dem alten Klinglwirt liegen sieht, in Lederhosen, Kniestrümpfen und Hut mit Feder, in der Hand ein Drei-Liter-Weißbierglas. Sie sieht etwas mitgenommen aus, was sicherlich auf den Inhalt des Weißbierglases zurückzuführen ist. Anna fand das lustig und wunderte sich höchstens ein wenig über die Auswahl.

Wir klebten Plakate in den Klinglwirt und alle Nachbarläden, verteilten Flyer vor der S-Bahn-Station, mailten den Stadtmagazinen. Sonja schrieb eine Ankündigung des Fests auf die Kreidetafeln am Haus, bastelte eine Facebook-Einladung und setzte gleich noch einen drauf:

Derjenige mit dem besten Kostüm bekommt eine Flasche Zwetschgenwasser.

Hansi kaufte bunte Glühbirnen, Luftschlangen und all den anderen Dekokram und bestellte haufenweise Faschingskrapfen.

Am Faschingssamstag drehten wir die Birnen in die Lampen, warfen Luftschlangen über alle Kronleuchter, pusteten Luftballons auf und installierten Musikanlage und Blinkelichter. Dann zogen wir uns faschingstauglich um.

»Bei deiner Frisur braucht's ja nicht viel zum Pumuckl«, sagte Hansi.

»Ja danke, haha.«

Aber so unrecht hatte er nicht. Ich war schnell verkleidet: Locken rot angesprüht, gelbes T-Shirt, grüne Hose, fertig. Zu dem Zeitpunkt hielt ich mich noch für unheimlich kreativ – ich als Pumuckl, das Münchner Original schlechthin. Hansi steckte sich ein Kissen ins Hemd und machte – namensbedingt – einen auf Meister Eder, Sonja schlüpfte aus selbigem Grund in ein unheimlich kurzes Hippiekleidchen, setzte eine riesige Perücke auf und wurde zu Uschi Obermeier, also Obermaier mit a. Mein Freund rasierte sich einen Schnauzer und ging als Baby Schimmerlos, der Schmierenblattjournalist aus Kir Royal. Wir schminkten und bastelten, ich versteckte dem Meister Eder schon einmal eine Feile, dann war es fünf, und wir gingen hinunter, die Kellner trudelten ein.

Es kam ein Aloisius, der Münchner im Himmel, Rudolf Mooshammer mit Telefonkabel um den Hals und natürlich schon der nächste Pumuckl, na super. Eigene Kreativität schon nach fünf Minuten infrage gestellt.

Wir setzten uns an die Bar, aßen Fleischpflanzerl und Kartoffelsalat und warteten. Die Band kam, baute ihre

Sachen auf, Uschi Obermaier drehte, wie es sich für eine ordentliche Siebzigerbraut gehört, einen riesigen Joint. Nur mit Tabak, natürlich.

Dann kamen Werner und Anna. Werner als Anna und Anna als Werner, zwei Münchner Originale. Wir lachten und knipsten Familienfotos.

Dann warteten wir wieder. Es wurde halb zehn, und noch immer saßen wir fast alleine im Laden.

»Sollen wir schon anfangen?«, fragte einer aus der Band.

»Nein, wir warten noch eine halbe Stunde.«

Sonja wippte auf dem Barhocker herum. Sie wirkte nun doch ein wenig nervös.

»Und wenn überhaupt keiner kommt?«

»Die kommen schon.«

Zur Animation knipsten wir schnell Fotos von uns und stellten sie auf Facebook. Faschingsfest im Klinglwirt. Jetzt! Keine Ahnung, ob das half, aber tatsächlich pilgerten nach und nach alle ein: der Monaco Franze und die Elli, ein Friedensengel, ein Maibaum, mehrere Bavarien und natürlich noch ein paar Pumuckl und Meister Eder. Dann kamen der Gänse-Josef (ein berühmter Münchner Obdachloser), ein Augustinermönch, ein Wolperdinger. Plötzlich standen auch ein Vogel, ein Cowboy, ein Kasperl und eine Tapete an der Bar. Die hatten sich wohl im Faschingsfest geirrt, genauso wie Sonjas Nachbarin, die ein giftgrünes Alien-Outfit anhatte. Aber kein Problem, sie war dann halt eine gmahde Wiesn, was denn sonst? (Eine »gmahde Wiesn« ist übrigens eine gemähte Wiese. Den Spruch benutzen die Bayern einerseits, wenn sie sagen wollen: Dafür muss ich nicht mehr viel tun, das ist quasi schon erledigt. Für Monaco Franze war eine »gmahde Wiesn« aber auch eine Frau, für die er mehr oder weniger keinen Aufwand betreiben musste, um sie zu gewinnen.)

Es wurde langsam voller, die Band spielte Coverhits, wir sangen mit, tanzten und tranken Bier, dann kam die große Vergabe der Flasche Zwetschgenwasser. Gewonnen hat eine Tube Senf, auch wegen deren enormer Leidensfähigkeit. Da hatten sich zwei Leute Rücken an Rücken gestellt, einen breiten Pappkarton als Tube um den Bauch gebunden – er war der süße Senf, sie die scharfe Senfin –, und so liefen sie den ganzen Abend herum. Dabei waren die beiden nicht einmal ein Paar. Irgendwann nämlich schmuste der süße Senf, wie es sich für ein ordentliches Faschingsfest gehört, mit einer Maibäumin. Schon allein dafür hatten sie das Zwetschgenwasser verdient, fand Sonja, die alleinige Jurorin. Also Heidrihö, Sieger auf die Bühne gehievt, Zwetschgenwasser übergeben und ihnen anschließend beim Herunterhopsen geholfen.

Um zwölf spielte die Band ihr letztes Lied, und dann legte DJ Pumuckl Hip-Hop-Klassiker auf, der Maibaum drehte sich, die Bavarien steppten durch den Raum, ein paar Pumuckl versteckten Biere, Meister Eder Hansi verteilte Krapfen, und dann kam, auch wie es sich für ein ordentliches Faschingsfest gehört, die Polizei.

Die beiden Beamten standen vor der Tür und fragten nach der Chefin. Uschi Obermaier stolperte hinaus, das bin ich, sagte sie und grinste, ich beobachtete die Szene durchs Fenster. Die Polizisten musterten Uschi. Es dauerte ein bisschen, bis sie der Beschwipsten, die da mit dem Joint in der Hand vor ihnen stand, glaubten, dass sie die Chefin ist. Die Polizisten sahen so aus, als würden sie denken: Sodom und Gomorrha. Aber Sonja unterhielt sich anscheinend recht nett mit ihnen, denn schließlich sagten sie nur zu ihr: »Machts halt a bisserl leiser.«

Auf dieselbe Idee kamen noch während des Polizeigesprächs ungefähr dreißig Gäste. Sie stürmten der Reihe nach zu mir: »Schnell, mach leiser, die Polizei ist da.«

Ha, leiser, dachte ich, von wegen.

Ich legte Rio Reiser auf und brüllte ins Mikro: »Für die Wirtin.«

Der Mariannenplatz war blau,
so viel Bullen waren da,
und Mensch Meier musste heulen,
das war wohl das Tränengas.
Und er fragt irgendeinen:
»Sag mal, ist hier heut 'n Fest?«
»So was Ähnliches«, sacht einer,
»das Bethanien wird besetzt.«

Zum Refrain war Sonja schon wieder da, und wir grölten gemeinsam:

Doch die Leute im besetzten Haus riefen:
Ihr kriegt uns hier nicht raus!
Das ist unser Haus, schmeißt doch endlich
Schmidt und Press und Mosch aus Kreuzberg raus.

Gut, wahrscheinlich waren wir ein bisschen betüdelt und darum auf dem Revoluzzer-Trip. Im Nachhinein betrachtet, hatten die zwei Polizisten sicher recht: Es war saulaut und für einige Nachbarn bestimmt unerträglich. Aber es war schließlich Fasching, und so schwenkten wir gleich nach der Revolution auf Karaoke um und sangen zu Fugees und Outcast ins Mikrofon, mein Freund knipste Fotos, die mit voranschreitender Uhrzeit immer unschärfer wurden, wie sich später herausstellte. Irgendwann nach vier schoben wir die letzte Bavaria nach draußen, und Hansi schloss die Tür zu. Sonja lag auf der Eckbank neben dem Stammtisch, Gesicht Richtung Decke, Sonnenbrille auf der Nase, Perücke etwas schief. Sie bewegte sich nur noch spärlich. Eine Kellnerin beugte sich über den Tisch und schüttelte an ihrer Schulter.

»Sonja, was ist mit Abrechnung?«

»Hm-m. Morgen.«

Die Kellnerin stutzte.

»Soll ich dann das Geld mitnehmen oder was?«

»Nein. Sperr's in den Safe. Ich kann jetzt nicht.«

Sonja war hinüber. Das lag sicher auch ein bisschen am Bier, aber noch viel mehr, denke ich, war sie einfach erschöpft.

Ich holte einen Besen aus der Kammer und kehrte wenigstens die Luftschlangen zu größeren Haufen zusammen, damit die Putzfrau am Morgen nicht gleich der Schlag traf. Mein Freund half, danach packten wir Sonja unter den Schultern und schleppten sie nach oben.

»Schlaf gut, Uschi.«

Ich knipste das Licht in Sonjas Zimmer aus.

»Nacht.«

Es war ein lustiger Abend gewesen, vielleicht auch gut zur Legendenbildung. Aber verdient hatte Sonja damit nichts. Im Gegenteil.

Knietief im Dispo

Dann kam der Tag, an dem Sonja ihren Laptop aufklappte, eine Gehaltsüberweisung eintippte, und auf dem Bildschirm erschien dieser Satz: »Ihr Kreditrahmen reicht für diese Transaktion nicht aus. Bitte wenden Sie sich an einen unserer Mitarbeiter.«

Sonja klappte den Deckel schnell wieder zu und starrte an die Wand. Sie konnte nicht mehr zahlen.

Was danach mit ihr geschah, bekam ich erst Wochen später mit. Es dauerte, bis sie erzählte – denn Sonja verzog sich.

Nachdem sie etwa eine halbe Stunde an die Wand gestarrt hatte, rief sie ihren Bankberater an und bat um eine Dispoerweiterung. Der sagte: »Gut, ausnahmsweise«, und Sonja durfte 30.000 Euro überziehen. Sie überwies alle Gehälter – danach war der erweiterte Dispo ausgeschöpft.

Sonja hatte es also geschafft, ein komplettes Desaster schnell abzuwenden. Doch es blieb die Gewissheit, dass sie ein finanzielles Problem hatte.

Sonja rief seltener an. Wenn ich sie anrief, sagte sie wenig.

»Was ist los?«, fragte ich.

»Gar nichts, es läuft nur gerade eine Serie im Fernsehen. Ich ruf zurück.« Das tat sie nicht.

Sie ging so wenig wie möglich in den Klinglwirt, schloss sich in ihrem Zimmer ein, Fenster zu, Vorhänge vorgezogen, und schaute tagelang Serien auf DVD. An einem Tag schaffte sie die ganze Staffel von »Irgendwie und Sowieso«. Dazu trank sie zwei Flaschen Wein.

Sonja überflog die Umsätze nur noch. Wenn etwas Geld im Safe war, packte sie es in ihre Handtasche und fuhr damit zur Bank. Doch die Kontoauszüge las sie nicht.

Sonja ahnte, wo das alles hinführte, dass es nicht gut aussah, dass die umsatzschwachen Monate Januar und Februar einfach zu große Löcher ins Konto gerissen hatten. Aber sie wollte es nicht sehen, es nicht schwarz auf weiß haben. Sie dachte wohl: Lieber weiß ich es nicht genau und versuche, die Lage erst einmal so zu verbessern.

Und dann begann das, was Sonja im Nachhinein »blind-verzweifelte Aktionen« nennt. Statt den Kern des Problems anzupacken, machte sie Ersatzhandlungen.

Sie meckerte ihre Kellner an, dass sie alles, was über ein Feierabendbier hinausging, zahlen müssen. Sie hängte detaillierte Anleitungen für die Reinigung der Kaffeemaschinen und für den Tagesablauf auf. Alles wichtige Dinge, klar. Aber andere Punkte wären viel dringender gewesen: Sonja hätte Festangestellten kündigen müssen, hätte Schichten streichen und mehr davon selbst übernehmen müssen, sie hätte die Putzfrau seltener kommen lassen müssen. Eine Küchenhilfe mittags war einfach nicht mehr drin und wurde auch gerade nicht gebraucht, ebenso wenig wie eine dritte Servicekraft am Abend.

Sie hätte schneller reagieren müssen, radikaler, sagt Sonja im Nachhinein. Aber das konnte sie damals noch nicht. Sie konnte einfach nicht zu ihren Leuten gehen und sagen: Du musst eine Schicht abgeben. Sie fühlte sich ihnen verpflichtet.

Vielleicht fehlte ihr damals auch der Mut.

Aber ich glaube, es ging noch um etwas anderes. Trotz Wirtstochter, Tourismusstudium und jahrelanger Kneipenerfahrung fühlte sich Sonja mit der Situation einfach überfordert. Außerdem dachte sie, wenn sie noch mehr im Laden steht, hat sie für all die anderen wichtigen Dinge, Geschäftsführung, Buchführung, Marketing, gar keine Zeit mehr, und alles geht den Bach hinunter.

Also versuchte Sonja sich einzureden: Das wird schon wieder, alles normalisiert sich, bald geht es wieder aufwärts, und dann brauch ich alle wieder. Aber wirklich geglaubt hat sie das wohl selbst nicht.

Sonja fühlte sich, erzählte sie mir Monate später, als würde sie mit dem Rücken zur Wand stehen. Plötzlich ging es um alles. Um ihr Selbstwertgefühl, das draufgehen würde, wenn sie das ganze Projekt so schnell in den Sand setzte, um ihre Existenz, um ihre Zukunft, um die Jobs ihrer Mitarbeiter, um ihren Ruf, den Namen ihrer Familie, um den Grund des alten Klinglwirts.

Sonja hatte Angst. So sehr, dass sie kaum noch klar denken konnte.

Jedes Mal, wenn ein Gast fragte: »Und wie läuft's?«, fühlte sich Sonja, als würde ihr jemand von hinten die Luft abschnüren. Sie konnte nicht mehr die lustige Wirtin sein und vom Uropa erzählen, wenn sie sich doch fühlte, als ob gerade alles zusammenbrach. Sonja versuchte, alle Gespräche zu vermeiden, sah den Gästen nicht mehr in die Augen, sie ließ die Kellner an den Tischen bedienen und schenkte nur noch Getränke ein, lief schnell an den Tischen vorbei, wieder rauf in die Wohnung.

Irgendwann wurde die tägliche Geräuschkulisse zum Albtraum. Sonja hörte morgens die Bierfässer vom Laster rollen: Oh Gott, nein. Sie wollte schreien. Ist jetzt alles hin, fragte sie sich immer wieder, meine Familie, das Geld, die Jobs, das Erbe meines Uropas?

Sonja schlief nicht mehr, ging nicht mehr ans Telefon.

Am liebsten wäre sie weggegangen, woandershin, vielleicht nach Italien, egal, Hauptsache, gleich los.

Irgendwann Mitte März merkte ich, dass etwas im Argen lag. Ich kam nach München und fuhr vom Bahnhof aus direkt in eine Pizzeria am Rosenheimer Platz. Wir treffen uns mal woanders, hatte Sonja gesagt, ich hab heute frei.

Als ich ankam, saß sie schon an einem Tisch in der Ecke des kleinen Restaurants und wartete auf mich.

Ich umarmte sie und setzte mich auf die Bank. Sonja sah nicht gut aus. Sie hatte so dunkle Ringe unter den Augen, als wäre sie nächtelang um die Häuser gezogen.

Wir redeten über belangloses Zeug, meine neue Wohnung in Berlin, eine heiratende Freundin, sogar über das Wetter. Dann fragte ich nach dem Klinglwirt. Sonja erzählte irgendetwas von Plänen und Listen, und man müsse hier jetzt nur ein bisschen dies und das. Sie redete durcheinander.

»Wie sieht's denn mit dem Geld aus?«, fragte ich.

»Ja, jetzt geht's schon wieder, und die Biergartensaison geht bald los, da können wir den Umsatz auch im Mittagsgeschäft stabilisieren.«

Sie lächelte kurz und schnitt ein Stück von ihrer Gorgonzola-Rucola-Pizza ab. Es klang nicht so, als wäre sie wirklich zuversichtlich.

»Also bleibst du dabei? Beim Mittag?«

»Ja, mein Gott, wir haben halt Anfangsprobleme. Viele wissen einfach noch gar nicht, dass wir auch mittags auf haben.«

»Ja, wahrscheinlich.«

»Der Hansi findet, wir müssen mittags zusperren. Aber ich meine, man muss dem auch einmal Zeit geben und schauen, wie es sich entwickelt. Ich kann doch nicht alles sofort umwerfen, wenn es nicht auf der Stelle läuft.«

»Nein, klar nicht.«

»Außerdem wäre mittags zuzumachen ja auch ein komisches Signal, oder? Das hieße, wir schaffen es nicht.«

»Nein, das finde ich nicht. Mittagsgeschäft ist anders, und wenn es sich einfach nicht rechnet, dann mein Gott.«

»Dann müsste ich einem Koch und Aniko kündigen. Außerdem läuft die Kühlung den ganzen Tag, und ich zahl den Strom und die Pacht und alles. Der Mittag bringt also wenigstens etwas zum Deckungsbeitrag.«

»Mh-m.«

»Ich kann nicht jedem Rat folgen, und dann meint auch noch jeder was anderes. Ich muss auch ein bisschen auf mein Ding achten ...«

»Sicher.«

»Weißt du, Aniko sagt, wir brauchen mittags mehr verschiedene Gerichte. Das hieße, noch mehr Waren einkaufen, mehr Kosten, und die Köche würden für die einzelnen Gerichte länger brauchen. Aber mittags soll es ja vor allem schnell gehen. Andere sagen, wir brauchen mehr Werbung. Das hieße auch, mehr Geld ausgeben. Wieder andere, wie Hansi, meinen, wir müssen sparen. Und dann gibt es noch die, die sagen, verkauf doch normales Fleisch für normale Leut.«

»Ja gut, da ist die Sache ja klar.«

»Ja. Das muss so gehen, oder es geht gar nicht.«

Sonja wirkte zerrüttet. Die Sache mit dem Fleisch war für sie keine Frage, das war schließlich Prinzipsache. Aber alles andere ... Ich hatte das Gefühl, es war ihr einfach zu viel. Zu viele Tipps, zu viele Menschen, die scheinbar genau die Lösung hatten, wie es weitergehen muss. Und Sonja stand mittendrin und schien am Ende gar nichts mehr zu wissen.

Wir gingen nach Hause, zur Hintertür hinein, bloß

nicht durch den Klinglwirt. Sie sei müde, sagte Sonja. Also vielleicht noch einen Tatort anschauen. Wir warfen den Fernseher an und uns mit Bier auf die blaue Couch. Hansi kam nach Feierabend dazu, auch er wirkte irgendwie bedrückt. Vielleicht bildete ich mir das auch nur ein.

Jedenfalls stimmte hier etwas nicht.

In der Nacht schlief ich schlecht, eigentlich kaum. Ich drehte mich im Bürobett zur Wand und zurück, stand auf, schrieb Dinge auf einen Zettel, die ich Sonja sagen wollte, legte mich wieder hin.

Was war hier los? Es lief nicht gut, das war unverkennbar. Aber wie schlecht stand es wirklich?

Ich machte mir Vorwürfe. War ich zu weit weg, um Sonja helfen zu können? Ich hatte ja keine Ahnung, was hier wirklich jeden Tag im Laden ablief, hatte keine Ahnung von Umsatz und Kosten. Warum sagte sie mir nichts? Wir könnten was austüfteln, irgendetwas, so wie immer.

Um sieben war es endgültig vorbei mit Schlaf. Ich packte Zettel und Stift und ging zu Sonja ins Zimmer.

»Sonja.«

»Hm-m.«

Sie blinzelte unter der Decke hervor.

»Wie viel Umsatz machst du im Monat.«

»Hpfff.«

Sonja setzte sich auf.

»Im Januar hatten wir etwa siebenunddreißigtausend Euro, netto.«

»Und wie viel brauchst du? Was hast du für Kosten?«

»Das schwankt jeden Monat. Den Überblick hat der Steuerberater, aber bis der die Zahlen schickt, das dauert.«

»Dann rechnen wir das jetzt aus.«

»Maria! Es ist sieben.«

»Scheißegal. Wir rechnen das jetzt aus.«

Ich setzte mich im Schneidersitz auf ihr Bett. Sonja stopfte ein Kissen in ihren Rücken und sah genervt auf meinen Zettel.

»Also, Pacht?«

»Ungefähr viertausendfünfhundert.«

»Strom?«

»Um die tausendeinhundert Euro.«

So ging es eine Weile. Gas, Waren, Steuerberater, Auto, Werbung, Müll, Versicherung – und Personal. Das war bei Weitem der höchste Posten. Sonja zahlte damals etwa 19.000 Euro im Monat für Kellner, Köche, Küchenhilfen, Putzfrau inklusive der Sozialabgaben und Lohnsteuer. Ich schrieb alles auf und rechnete zusammen.

»Insgesamt komm ich auf grob einundvierzigtausend Euro.«

Sonja zog einen Faden aus ihrem Schlafanzug und drehte ihn zwischen Daumen und Zeigefinger.

»Also viertausend Euro zu wenig im Monat. Dazu kommen noch die Miete und die Schulden von Reparaturen und solchen Dingen. Und du musst auch noch von irgendetwas leben.«

Sonja biss sich auf die Unterlippe.

»Du musst Schichten streichen«, sagte ich.

»Kellner kosten mich sieben Euro die Stunde. Was bringt das, wenn ich die dritte Abendschicht, die eh nur für zwei Stunden kommt, streiche und mich da auch noch hinstelle?«

»Wenn es nur sieben Euro sind, wie kommst du dann auf diese Personalkosten?«

»Ja, Sozialabgaben und Steuern und alles. Lohnnebenkosten halt.«

»Also nicht nur sieben.«

Sonja riss den nächsten Faden ab.

»Es hilft nichts mehr. Du wirst untergehen, wenn du weiter jeden Monat so viel Geld draufzahlst, ganz zu schweigen von deinem Kredit, den musst du ja auch irgendwann abbezahlen.«

Sie warf den Faden auf den Boden, nahm ein Kissen in die Hand, drückte es auf ihren Bauch und sah aus dem Fenster.

»Du weißt es, Sonja. Du kannst nicht mehr hier sitzen und jeden Tag darauf warten, dass der Bus voller Menschen kommt. Es ist so, wie es ist, und du musst reagieren. Jetzt!«

»Ja.«

Sonja quetschte das Kissen zusammen.

»Ja, ja, ja, ja, ja – ich weiß es ja!«

Ich glaube, sie wollte entweder platzen oder heulen. Und ich hätte sie am liebsten geschüttelt.

Damit gehörte ich auch zu denen, die schlaue Tipps gaben und den Lösungsvorschlag schlechthin parat hatten. Und ich fühlte mich übel. Aber ich glaube, ich habe an dem Tag nur das ausgesprochen, was Sonja schon lange wusste. Deswegen gab es nun kein Entkommen mehr.

Am nächsten Tag strich Sonja fünf Schichten pro Woche aus dem Dienstplan – und teilte sich selbst ein.

Was sind schon 20 Cent?

Der Frühling kam und mit ihm langsam wieder Gäste. Werner bastelte Blumenkästen aus Holz für die Fenster- bänke draußen, Anna und Aniko pflanzten mit viel Erde Geranien und Buchsbäume hinein, Sonja kehrte die Ter- rasse, schleppte mit Hansi Tische und Stühle aus dem Keller. Sie klappten alle der Reihe nach auf, wischten sie ab, kurbelten die Markisen heraus und stellten die große Tafel mit der Tageskarte vor den Klinglwirt – die Terrasse war geöffnet. Mit dem Frühling kam auch Sonjas Elan zurück. Wobei man sagen muss: So wie am Anfang, so lustig, locker, lalala, wurde es für Sonja nicht mehr. Das Gefühl, mit dem Rücken zur Wand zu stehen, verschwand für lange Zeit nicht.

Aber trotzdem: Sonja begann, an allen Rädchen vom Klinglwirt zu drehen.

Zuerst verschaffte sie sich einen genauen Überblick über ihre Finanzen. Das musste sie auch, denn ihr Ban- ker verlangte einen neuen Finanzierungsplan. Die Bank bekommt von Sonja vierteljährlich ihre betriebswirt- schaftlichen Auswertungen, das ist Teil des Kreditvertra- ges. Da der alte Finanzierungsplan offensichtlich nicht mehr funktionierte, musste ein neuer her.

Sonja setzte sich also an ihren Rechner, bastelte tage- lang an Excel-Tabellen herum und machte sich Gedanken. Neben der monatlichen Aufstellung von Umsatz und Aus- gaben wollte der Bankberater nämlich auch sehen, wie

Sonja gedachte, ihre Verluste in den Griff zu bekommen. Dabei ging es vor allem um die Personalkosten. In einigen Monaten zahlte Sonja die Hälfte ihres Umsatzes direkt an ihr Personal, und der Banker sagte: Die Personalkosten sind viel zu hoch. Hier gibt es nämlich wieder so eine Gastro-Faustregel, die besagt: Die Personalkosten dürfen nicht mehr als ein Drittel des Umsatzes im Monat ausmachen, sonst rechnet sich der Betrieb langfristig nicht.

Also tüftelte Sonja an einem Plan, wie sie die Personalkosten Monat für Monat immer weiter senken konnte. Das hieß natürlich vor allem: weniger Leute beschäftigen. Es sollten also künftig nur noch zwei Kellner am Abend arbeiten, und eine eigene Barkraft sollte es nur noch an den starken Tagen zur Stoßzeit geben, für zwei, drei Stunden. Sonja schaffte auch die Küchenhilfe tagsüber ab. Die Teller vom Mittagsgeschäft konnten die Leute der Abendschicht spülen.

Bei der Gelegenheit fand Sonja auch eine Lösung für das stetige Kochproblem: selbst kochen. Sonja kaufte sich eine schwarze Kochjacke und ging bei Hansi in die Lehre. Wenn Hansi nun alles gut vorbereitet, meistert Sonja auch einen Abend in der Küche. Bisher gab es keine Beschwerden.

Für die meisten Serviceleute war es kein Problem, ein paar Schichten abzugeben. Es waren ohnehin fast alles Studenten, und die arbeiteten nun eben einfach zweimal statt dreimal die Woche. Aber mit den wenigen Festangestellten war es schon etwas anderes. Nach langem Hin und Her überwand sich Sonja und warf Dimitri, den Koch, raus. Nicht, weil sie jetzt einen Koch weniger brauchte – kochen musste schließlich immer noch jemand –, sondern, weil in so einer Zeit diejenigen, die da waren, wenigstens keinen Mist bauen sollten, sagte Sonja. Das war ein unglaublich guter Schritt, wie sich herausstellte, denn für Dimitri kam Rathees, und der ist ein Segen.

Ein viel größeres Problem war es, Karl, die Küchenhilfe, zu entlassen. Das heißt: Bis er endlich weg war, verging noch ein halbes Jahr.

Sonja hatte mit Karl eine Probezeit von drei Monaten vereinbart, und damals hatte sie sich noch ein wenig gewundert, weil Karl murmelte: »Drei Monate, ah ja, des schaff ich.« Aber man soll ja nicht immer vom Schlimmsten ausgehen, hatte Sonja gedacht und Karl eingestellt.

Doch kaum waren die drei Monate um, war Karl krank, Erkältung, sagte er am Telefon. Danach kam er zwei Tage zum Arbeiten und brachte gleich die nächste Krankschreibung. Sonja musste natürlich die Hälfte von Karls Gehalt weiter bezahlen – die andere Hälfte steuerte die Krankenkasse bei. So ging das über Monate. Was Sonja das kostete, will man gar nicht nachrechnen. Aber ich meine, wenn ein Mitarbeiter krank ist, ist das eben so, da muss ein Betrieb durch. Doch irgendwann bekam Sonja das Gefühl, dass Karl womöglich gar nicht vorhatte, jemals wieder zu arbeiten. Er schickte eine Krankschreibung nach der nächsten, jedes Mal hatte er etwas anderes.

Und das, wo Sonja sich ohnehin keine festangestellten Küchenhilfen für tagsüber mehr leisten konnte. Sonja schrieb Karl also, dass sie ihm kündigen muss. Karl ließ – von seinem Anwalt – zurückschreiben. Der Anwalt beschuldigte Sonja, sie wolle Karl ja nur durch billigere Aushilfen ersetzen. Meine Mandantin macht seit Monaten Verluste, schrieb Sonjas Anwältin zurück, sie kann sich einfach keine festangestellten Küchenhilfen mehr leisten.

So ging es eine Weile hin und her, bis die Kündigung endlich durch, Sonja völlig zermürbt und das Personalkosten-Budget massiv überzogen war.

Küchenhilfen, sagte eine Freundin von Sonja, die in der Personalabteilung einer riesigen Cateringfirma arbeitet, sollte man möglichst nie fest anstellen, die würden das nur ohne Ende ausnutzen. Na ja, ich würde das so nicht unterschreiben, wahrscheinlich hatte Sonja mit Karl einfach nur Pech.

Doch auf Sonjas Plan stand nicht nur das bloße Rausschmeißen von Mitarbeitern. Um Personalkosten – prozentual – zu senken, könnte man auch einfach bei gleicher Besetzung mehr Umsatz machen. Das war natürlich der Masterplan. Für Sonja hieß das: Marketing.

Sie ließ Flyer drucken mit dem prima Slogan »Klinglwirt – Was Gscheits zum Essen« drauf und spannte ihre Mitarbeiter zum Verteilen ein. Die legten die Flyer in allen möglichen Geschäften und Cafés aus, Aniko stellte sich sogar vor den Biosupermarkt um die Ecke und drückte jedem einen Zettel in die Hand.

Ein paar Tage später sah Sonja im Kino am Rosenheimer Platz eine Werbung von einer Vinothek, und ihr fiel der Tipp des ungefragten PR-Beraters wieder ein. Aber weil Sonja gerade jede Hilfe recht kam, fragte sie im Kino nach, was so ein Spot kosten würde. Etwas über 300 Euro im Monat, sagten die. Sonja befand das für gerade noch bezahlbar, und zack, schon marschierte der Bruder von Kellnerin Bine mit einer Kamera in den Klinglwirt. Hansi zog sich hübsch an und haute mit Esprit auf die Küchenklingel, Sonja schenkte galant Bier ein, Bine und Stammgast Paul spielten das verliebte Paar, das gerade genüsslich Fisch und Schweinebraten isst.

Aber was heißt spielten: Die beiden flirteten vor der Kamera, dass uns allen schwindlig wurde. Bine kicherte, wenn sie einen Satz sagen musste, Paul wurde rot, der Regisseur – und Bruder der Flirtenden – verschränkte die

Arme und seufzte. Wir versuchten, so gut es ging weg-zuschauen, bis Sonja sagte: »Schluss jetzt! Konzentrierts euch mal a bisserl!« Am Ende der Geschichte wurden Bine und Paul endlich ein Paar, Sonja brachte den Video-spot ins Kino und ließ ihn auch gleich auf ihrer neu gestal-teten Homepage einbauen.

Als Nächstes mietete Sonja einen Plakatplatz in der S-Bahn-Station, wo seither eine Klinglwirt-Werbung hängt, und machte bei einem Onlineportal mit, wo sich Hotelgäste über Restaurants der Stadt informieren kön-nen. Außerdem buchte sie Einträge auf muenchen.de und anderen Gastroseiten, beteiligte sich bei einer Touristen-Gutschein-Aktion und startete eine Facebook-Offensive, die so aussah: Sonja fotografierte Gerichte und postete fast jeden Tag, was es im Klinglwirt zu essen gab. Schließ-lich führte sie sogar Aktionstage ein: Montags war ab jetzt immer Schnitzeltag, mittwochs Spätzletag und so weiter. Sonja zog also ziemlich alle Register.

Einmal kam ihr auch der Zufall zu Hilfe: Am Rosenhei-mer Platz war ein Kran umgefallen, und der ganze Ver-kehr wurde durch die Balanstraße umgeleitet, direkt am Klinglwirt vorbei. Sonja lief sofort nach draußen, schrieb auf die große Tafel zur Balanstraße hin die Mittagsge-richte und ließ die Leiter vor dem Schild stehen, weil man dann ja eher hinschaut, quasi als Blickfang.

»Ha, wie ausgefuchst«, sagte ich zu Sonja – und grinste. Wie so oft in diesem Buch. Das ist übrigens nicht nur so ein literarisches Ding. Sonja und ich grinsen wirklich ständig. Falls Sie einmal nachzählen möchten: Für die exakte Anzahl des Wortes »grinsen« in diesem Buch ver-geben wir im Klinglwirt nach einem Essen ein Stamperl Zwetschgenwasser. Aber nicht dass Sie jetzt glauben, wir wollen Sie nur auf billige Weise in den Klinglwirt locken, so aus Marketing-Gründen. Nein, nein: Das Zwetschgenwasser ist etwas ganz Feines. Wirklich.

»Ja, ich war auch ganz stolz auf mich«, sagte Sonja.

»Wegen der Idee mit dem Zwetschgenwasser?«

»Nein, wegen der Leiter.«

»Ach so.«

Sonja und ich saßen am Stammtisch, die Sonne blitzte zwar schon am Kirchturm vorbei durchs Fenster, doch zum Draußensitzen war es noch zu kalt. Sonja schlug ihr großes kariertes Buch auf dem Tisch auf und malte Kreise und Linien hinein, sodass ich dachte, sie will ein Ufo entwerfen. Aber nein, Mind-Maps, erklärte sie. Das ist eine Technik, mit der man versucht, seine Gedanken mit einer Zeichnung zu sortieren, hat Sonja im BWL-Studium gelernt.

»Sag mal, bringt das alles jetzt was? Das mit dem Marketing?«, fragte ich.

»Na ja, es kommen schon mal Leute rein, die sagen, sie hätten den Flyer im Schuhladen gesehen oder den Spot im Kino, und deshalb seien sie jetzt da. Aber ganz ehrlich: Bei so Marketingsachen kann man in den seltensten Fällen wirklich messen, was hilft und was nicht. Henry Ford hat mal gesagt: Fünfzig Prozent von dem, was wir für Marketing ausgeben, ist für die Katz. Ich weiß nur nicht, welche fünfzig Prozent.«

»Sind ja super Voraussetzungen.«

»Ja mei. Aber grundsätzlich hab ich schon das Gefühl, dass es besser wird.«

Sonja malte noch ein paar Kreise und schrieb immer wieder Dinge wie »Aufmerksamkeit erhöhen« oder »Kosten reduzieren« hinein. Ich sah ihr fasziniert zu.

»Du, noch eine Frage.«

»Frag.«

»In deinem Plan hier steht auch: Preise erhöhen. Was willst du denn erhöhen?«

»Na zum Beispiel Bier und Spezi. Und den Schweinsbraten. Vor allem die Sachen, die gut gehen.«

»Ah. Okay. Meinst du, das könnte manchen Gästen zu teuer sein?«

»Drei fünfzig für eine Halbe Bier ist für München ziemlich Durchschnitt. Im Wirtshaus in der Au kostet sie vier Euro zehn.«

»Ja schon. Vielleicht bin ich da echt ein bisschen Berlin-versaut. Aber gibt's nicht auch in München Grenzen, ab wann es den Leuten zu teuer wird?«

»Schon, aber noch nicht bei drei fünfzig. Ob das Helle jetzt drei dreißig oder drei fünfzig kostet, da achtet kaum einer drauf. Und zwanzig Cent tun doch wirklich niemandem weh, oder?«

»Nein, des sicher nicht.«

»Ich krieg ja auch Preiserhöhungen von meinen Lieferanten, die muss ich umlegen. Preiserhöhungen sind normal.«

»Ja schon, aber ...«

Sonja seufzte.

»Außerdem hab ich gar keine Wahl, Maria. Das weißt du. Ich muss das machen.«

»Ja, ich weiß.«

Was sollte man da noch sagen? Sie hatte ja recht. Und ganz ehrlich: Nach der Faustregel müsste Sonja bei ihrem Einkaufspreis eigentlich 3,57 Euro für eine Halbe verlangen. Sie verdient also auch bei 3,50 Euro noch nicht wirklich Geld damit.

Man musste es auch einmal so sehen: Gute Qualität, wie zum Beispiel das Fleisch vom Herrmannsdorfer, hat nun mal ihren Preis. Im Restaurant in Herrmannsdorf kostet der Schweinebraten fast 20 Euro. Da sind die 15,90 Euro, die Sonja für einen Schweinebraten verlangt, nicht übertrieben viel Geld.

Der Klinglwirt hat viele Stammgäste, die nicht so sehr auf die Preise achten, die vor allem etwas Gutes essen und trinken wollen. Genau wie Sonja sich das am Anfang erhofft hatte. Aber es kamen auch schon Freunde zu mir, die sich beschwerten, dass die Preise ein bisschen happig seien – daran musste ich denken, als ich mit Sonja über die Preise sprach, denn vielleicht ging es ja einigen Gästen ebenso? Doch Gäste, die nur einmal kommen und dann nie wieder, hinterlassen ja keinen Brief mit einer Begründung für ihr Fortbleiben, und selbst wenn die Preise der Grund dafür wären: Sonja blieb keine Wahl. Sie wollte ein Restaurant, in dem ausschließlich gute Lebensmittel angeboten werden, sie wollte ihre Leute fair bezahlen, und das alles kostet nun einmal Geld.

Ich stand auf und schenkte uns noch ein Zwetschgenwasser ein.

»Ach mein Gott«, rief ich Sonja von der Bar zu, »was sind schon zwanzig Cent?«

Wie im alten Klinglwirt

»Und wenn wir hier links die Tische in eine Reihe schieben? Dann könnten dahinter noch Leute sitzen, und die Standler wären halt in einer Reihe.«

Sonja fuchtelte mit den Armen von links nach rechts und versuchte, mir eine Tischreihe anzudeuten.

»Ja, des könnt klappen. Dann musst du aber die Bairer auf den Stammtisch setzen, damit die sich nicht immer an den Ständen vorbeidrängeln müssen. Die wird das wahrscheinlich nicht so interessieren, was da abgeht. Wie viele werden des denn?«

Sonja lachte.

»Die haben einen Bus organisiert. Also einen Kleinbus. Mit Mama und Papa sind des vierzehn.«

»Wie cool.«

»Aber hast recht, die setz ma an den Stammtisch. Vierzehn gehn grad noch hin.«

»Gut. Dann bleibt noch die Frage, wo der DJ hinsoll.«

»Ja, wohin mit dem DJ?«

Sonja stemmte die Arme in die Seiten und sah einmal quer durch den Raum. Es war Samstag, der 25. August, zwölf Uhr mittags, und Sonja und ich wuselten hoch motiviert durch den Klinglwirt.

Denn heute war Party. In letzter Zeit hatte es zwar immer wieder kleine Veranstaltungen im Klinglwirt gegeben – Konzerte, Lesungen oder Sonntagsfrühschoppen mit einem Akkordeonspieler –, heute aber stand ein besonderes Fest an: Der Klinglwirt wurde ein Jahr alt.

»Was ist mit Tisch vierzig? Die Plattenspieler würden gut auf den Stehtisch passen.«

»Ja, schon. Aber ich glaub, das geht mit den Kabeln nicht.«

Wir liefen noch einmal durch den Raum, überlegten dies und das und entschieden uns schließlich, dass der DJ direkt neben der Bar auflegen sollte. Diesmal gab es nämlich – neben einer kleinen Band mit Quetsche und Geige – einen richtigen DJ mit Plattenspielern und so.

Also, was heißt richtiger DJ: Tom, ein Nachbar und Stammgast vom Klinglwirt, legte auf. Tom war zwar schon ein richtiger DJ, DJ Skipper Tom – so nennt er sich, weil auch er ein begeisterter Segler ist –, aber Sonja musste ihm glücklicherweise keine richtige Gage zahlen, nur ein paar Bier und einen Schweinebraten.

Wir schoben also die Tische in eine Reihe, trugen Stühle in den Keller, hievten den Stehtisch zur Bar, dann hupte es vor der Tür, meine Mama war da. Wir liefen hinaus und schleppten ihre üblichen Kisten mit Gartenräubereien in den Klinglwirt: Sonnenblumen, Fuchsschwanz, Fenchel und noch einen Haufen anderer Blumen, Kräuter und Äste. Diesmal hat meine Mama auch noch Zieräpfel und getrocknete Getreidesträuße für die Zimtschnecken und Hopfen für den Bierphilosophen und Weintrauben für den Weinhändler mitgebracht.

Sonja hatte sich zum Einjährigen nämlich etwas Besonderes ausgedacht: Sie hatte alle Lieferanten, die den Klinglwirt mit Essen und Trinken versorgen, gebeten zu kommen und sich den Gästen einmal vorzustellen. Das heißt, sie sollten von ihren Sachen probieren lassen und dazu vielleicht ein bisschen von sich und ihrem Betrieb erzählen, wie auf einer Messe. Der Bierphilosoph war gleich Feuer und Flamme gewesen, und auch die Zimtschnecken, die Herrmannsdorfer, der Fischer und der Weinhändler wollten mitmachen. Es sollte auch eine offene Küchentür geben, sodass jeder Gast, wenn er wollte, sein Essen selbst aus der Küche holen und Hansi beim Brutzeln zusehen konnte.

»Also, ich bau jetzt mal die Anlage auf«, sagte ich.

»Gut. Dann mach ich mich ans Luftballonaufpusten und beschrifte die Tafeln.«

»Mama, du kommst klar, oder?«

Meine Mama nickte. Sicher kam sie klar, sie verzierte ja nicht zum ersten Mal den Klinglwirt.

Meine Mama wuselte also mit Blümchen und Gartenschere durch den Raum, Sonja pustete, ich fummelte Kabel am Waschbecken vorbei, schleppte Boxen auf die Fensterbretter, und nebenbei wippten wir wieder einmal zu Jonny Cash. Als alles vorbereitet war, schnell hoch in die Wohnung, umziehen, schminken, wieder hinunter, 17 Uhr, die Serviceleute waren da, und der Bierphilosoph baute schon eifrig seinen Stand auf.

Wir werkelten noch ein bisschen hier und da, ich an der Musik, Sonja an den Ständen, dann setzten wir uns an die Bar – und warteten.

Schon komisch: Ein Jahr lang gab es den Klinglwirt nun schon, und in dieser Zeit hatte sich viel getan. Aber eines hatte sich kein bisschen geändert: Die Sache mit dem Warten. Jeden Tag, kurz vor der Mittagszeit oder dem Abendessen, auch wenn alle Tische reserviert waren oder, wie heute, sich viele Leute angekündigt hatten – man weiß einfach nie genau, was passieren wird. Es könnte plötzlich die Tür aufgehen, eine Busladung Menschen reintraben und die Küche komplett plündern, oder es könnte überhaupt niemand kommen, und man bleibt mit voller Besetzung auf all dem schönen Essen sitzen. Es gibt keine Vorhersagen oder Faustregeln, auf die man sich verlassen könnte.

Mittlerweile weiß Sonja natürlich schon, dass im Januar weniger und im Oktober mehr Menschen kommen. Aber ich habe schon erlebt, wie Gäste an einem Montagabend im Klinglwirt keinen Platz mehr fanden und wir aus dem Rennen nicht mehr herauskamen, und auch, wie wir an einem Samstag um 21 Uhr zugesperrt haben, weil kein einziger Gast da war. Es gibt einfach kaum etwas Unberechenbareres als die Gastronomie.

»Soll ma vielleicht schnell draußen was essen, solang noch nix los ist?«, riss Sonja mich aus meinen Gedanken.

»Ja, genau. Essen.«

»Gut, ich bestell uns was.«

Sie rutschte vom Barhocker und ging in die Küche, meine Mama und ich setzten uns draußen an einen Tisch.

»So, grias eich«, hörte ich hinter mir.

Ich drehte mich um, Werner grinste mir entgegen, er war in Tracht, mit Hut und allem. Nicht schlecht, dachte ich. Auch Anna war im festlichen Dirndl. Die beiden setzten sich zu uns, Sonja brachte Fleischpflanzerl und Salate, und wir aßen. Dann kam ein Mann an den Tisch, redete kurz mit Sonja, sagte höflich auf Wiedersehen und zog wieder ab.

»Das war mein Banker«, sagte Sonja zu uns.

»Wenn der nicht so kulant wär, hätt ich schon längst zu.«

Meine Mama hörte vor Schreck auf zu essen und starrte Sonja an. Werner sagte nichts, Anna nickte zaghaft.

Sonja trank einen Schluck Wein und schielte zu mir hinüber. Ich wusste, was sie jetzt dachte: So ist das eben, meine Güte. Warum soll ich das verheimlichen? So tun, als wär alles easy-peasy? Das kann ich gar nicht. Außerdem gibt es dafür keinen Grund: Gastronomie ist schwierig, und das wisst ihr alle.

Ich lächelte ihr zu und war ein bisschen stolz auf Sonja. Dass sie sich nichts scherte. Dass sie den Mut hatte, ehrlich zu sein.

»Vielleicht sollten wir lieber nach drinnen umziehen, ich glaub, es fängt an zu regnen«, sagte ich.

Wie auf Kommando schauten alle nach oben, griffen nach ihren Bieren und pilgerten hinein. Wir schafften es gerade noch, bevor die ersten Tropfen auf die Sonnenschirme prasselten.

Drinnen verteilten wir uns an die Tische, meine Geschwister kamen, der Bus mit den Bairern – alle in Tracht –, ehemalige Arbeitskollegen von Sonja, alte Freunde. Die Band spielte ungarisch-bayerische Stubenmusik, Menschen probierten Fisch und Süßkram an den Ständen, der Bierphilosoph brachte einen Eisenstab mit dem Bunsenbrenner zum Glühen und schob ihn in kleine Gläser mit Bier. So wurde der Schaum zu Karamell, und man trank sich durch eine süße, warme Schaumschicht, bevor das kalte, herbe Bier kam.

Ja, das hat etwas, da kann man nicht meckern. Das haben die Schmiede früher gemacht, erzählte der Bierphilosoph voller Hingabe.

Draußen regnete es mittlerweile in Strömen, der Klinglwirt wurde voller und voller, wir schunkelten zur Musik, die Bairer inspizierten die Küche, der Bierphilosoph schenkte belgisches Spezialbier mit Bitterorangengeschmack aus. Brrr. So was Greisliches. Aber jetzt total im Trend, sagte er.

Ich zog von Stand zu Stand, probierte Fisch und

Würschte, und durch den Regen und die vielen Menschen fühlte ich mich bald wie im Dampfbad. Also schunkelte ich an den Leuten vorbei zur Tür, kurz raus, frische Luft schnappen.

Da stand Sonja, in einer Hand ein Glas Wein, in der anderen einen großen Sonnenschirm, den sie sich als Regenschutz aufgespannt hatte.

»Bist du auch geflüchtet?«

Sonja lachte.

»Ja, das ist wie in der Sauna da drinnen.«

Ich hopste schnell über zwei Pfützen unter den Schirm.

»Aber cooles Fest, oder?«

»Ja super. Ich würd sogar sagen, das ist das beste Fest überhaupt. So von der Stimmung her.«

Es war schon dunkel, durch den Sonnenschirm nieselten feine Regentropfen auf uns, und das Wasser rann die Straße hinab in die Gullydeckel.

»Weißt du, Maria, trotz alledem – ich bin schon glücklich. Hier, mit dem Klinglwirt. Weil, es geht jetzt nicht mehr nur ums Geld, sondern darum, dass die Zimtschnecken lustig mit dem Fischer ratschen und der Werner mit dem Tom schon seit Stunden übers Segeln philosophiert. Dass sich bei mir Leute treffen, die sich sonst nie getroffen hätten. Es ist viel mehr geworden. Es ist …«

»… wie im alten Klinglwirt.«

»Ja. Genau.«

Wir standen eine Weile im Regen, guckten ihm zu, wie er die Straße hinunterlief. Drinnen unterhielten sich Menschen, die Musik spielte ganz leise, es roch ein bisschen nach dem belgischen Gebräu vom Bierphilosophen.

Dann klappte Sonja den Schirm zu, und wir hopsten über die Pfützen wieder hinein zum Tanzen, denn Tom spielte »Son of a Preacherman«.

Ich zog die Tür auf.

»Es wird schon gut gehen, Sonja.«

»Ja«, sagte sie und schlüpfte durch die Tür. Sie schüttelte den Regen ab, und wir lächelten uns an.

»Es wird schon gut gehen.«

Ein Jahr später

Am liebsten würde ich hier schreiben, dass Sonja inzwischen schuldenfrei ist, dass der Klinglwirt jeden Tag aus allen Nähten platzt und überhaupt alle Probleme gelöst sind.

Aber das wäre gelogen.

Nach langem Hin- und Herüberlegen und vielen Rechenstunden gab Sonja am 16. November 2012 das Mittagsgeschäft auf. Seither ist der Klinglwirt nur noch abends, ab 17 Uhr, geöffnet. Sonja haderte lange mit diesem Schritt. Doch die Kosten waren tagsüber nun mal weit höher als die Einnahmen. Es führte für sie vorerst kein Weg daran vorbei.

Aniko weinte, also Sonja ihr kündigte. Sonja auch ein bisschen, heimlich.

Für das Konto war das zunächst enorm gut. Auch für Sonja: Plötzlich hatte sie tagsüber Zeit für Buchhaltung und Marketing, für Steuern und Dienstpläne, um Handwerker aufzutreiben, die wieder einmal die Kühlung oder die Lüftung reparieren sollten, um einzukaufen, Kuchen abzuholen, Blumen zu gießen und Wäsche zu waschen, um Tafeln zu schreiben, Waren zu kontrollieren, Vertretungen für die Kellner und Küchenhilfen zu organisieren und, und, und. Außerdem konnte sie jetzt auch mal wegfahren, für ein paar Stunden am Nachmittag, ohne dass ständig das Telefon klingelte.

Für den zweiten Januar in der Geschichte des Klinglwirts war Sonja gewappnet: Sie versammelte schon im Oktober alle Kellner, strich Schichten für die Zeit nach Silvester, und arbeitete bis März mit so wenig Personal wie möglich.

Doch auch danach blieb es schwierig: Die Gäste kommen schon, der Klinglwirt ist sogar meistens gut gefüllt – doch es müsste eben brechend voll sein, jeden Tag, damit auch mal Gewinn erzielt wird.

Seit Juni 2013 zahlt Sonja auch ihren Kredit ab, rund 770 Euro im Monat, für die nächsten acht Jahre.

Zum Glück hat sie einen Banker, der sie unterstützt. Die beiden vereinbarten, dass Sonja künftig alle zwei Monate zu ihm kommt, Tabellen über Umsätze und Ausgaben mitbringt und Ideen, wie es weitergehen könnte.

Ich gebe nicht auf, sagte Sonja ihm im August.

Den zweiten Geburtstag feierte der Klinglwirt diesmal tagsüber, an einem Sonntag. Der Biersommelier verkostete Bier, die Herrmannsdorfer Wurst, die Zimtschnecken Zimtschnecken und zum Essen gab es Weißwürste und Brezn. Der Klinglwirt war voll, die Stimmung gemütlich, fast wie in einer großen Familie.

Die Herbstmonate versprechen wie gewohnt die meisten Gäste, auch für die Weihnachtszeit haben sich wieder viele Gruppen angekündigt, die im Klinglwirt feiern wollen. Ansonsten schraubt Sonja weiterhin an Speise- und Getränkekarten, schaltet Werbung und überlegt sich immer neue Dinge, um den Klinglwirt am Leben zu halten. Vielleicht wird es einmal Kochkurse geben oder Catering.

Und wenn es klappt und der dünne Faden, an dem der Klinglwirt hängt, einmal ein wenig reißfester wirkt, vielleicht in zwei, drei Jahren, dann nimmt sich Sonja vier Wochen frei – und wir beide segeln durch die Karibik.

Sonja steuert, ich angle uns das Abendessen. Dann gibt es vier Wochen lang keine kaputten Kühlungen, keine zu dünne Schweinebratensoße, keine überzogenen Konten. Ein Traum.

Die 50 Euro habe ich übrigens verloren. Sonja war schon mal in Thüringen.

Danksagung

- Als Erstes möchte ich Georg Löwisch, meinem ehemaligen Chef bei der »sonntaz« danken, weil er an jenem Tag auf der »taz«-Dachterrasse nicht nur ein Weißbier bei mir bestellte, sondern auch sagte: Schreib doch mal was über die Kneipe. Daraus wurde der Artikel »Faustregel fürs Fass«, der am 5. November 2011 in der »sonntaz« erschien.

- Gila Keplin danke ich dafür, dass sie diesen Artikel gelesen hat, und mir daraufhin eine E-Mail schrieb, ob ich aus der Geschichte nicht ein Buch machen wolle. Danke auch fürs großartige Unterbringen des Buches, für unendlich viele Telefonate mit geduldigen Erklärungen zu Verträgen und diesem für mich bis dahin völlig unbekannten Buchgeschäft, für Vertrauen und grenzenlose Unterstützung, und schließlich für eine aus alldem entstandene Freundschaft.

- Wiebke Rossa danke ich für das Reduzieren von »recht« und »weil« im Buch, für das Einfordern von Erklärungen zu manch unverständlichen bayerischen Ausdrücken (»Was ist denn ein Hacklstecka?«), überhaupt für ein großartiges Lektorat, für viele schöne Gespräche und E-Mails, lustige Abende im Klinglwirt und letztlich für den Glauben an dieses Projekt.

- Meiner Mama danke ich nicht nur fürs Kissennähen und Blumenausrupfen und immer wieder Klinglwirtdekorieren, ich bin meinen Eltern auch dankbar für ihre Unterstützung und ihr Vertrauen in mich, denn letztlich haben sie einer Hotelfachfrau den Weg in die Naturwissenschaften und schließlich in den Journalismus ermöglicht.

• Anna, Werner, Hansi, Matt und allen anderen Klinglwirt-Beteiligten danke ich fürs geduldige Fragenbeantworten, fürs Über-die-Schulter-gucken-Lassen und überhaupt fürs Mitmachen.

• Dem Free Speech Movement Café der University of California in Berkeley danke ich für hervorragenden Kaffee, Sandwiches und Strom, mit alldem ich den Großteil des Buches auf dessen Terrasse schreiben konnte.

• Tine, Si-Hong, Malte, Christopher, Martina, Birte, Katrin, Sascha, Sebbi, Alex, Andi, DC, meinen Geschwistern Elli, Wolfgang und Johanna und alle anderen, ihr wisst es schon – es ist ein Segen, solche Freunde zu haben. Ohne das würde gar nichts gehen.

• Johannes danke ich für tausendmal »Alles wird gut« und »Das wird großartig«, für Verständnis dafür, dass nicht mal er das Buch lesen durfte, bis alles komplett fertig war, für eine wundervolle Zeit in den USA, und dafür, dass er mich am Ende der Reise geheiratet hat.

• Und dann natürlich Sonja – fürs gemeinsame Austüfteln der Geschichten, Kapitel, Titel und Überschriften, für nächtelanges auf dem Bett liegen und noch einmal alles durchgehen, fürs nochmal Lesen und nochmal und nochmal, für unendlichen Mut und gnadenlose Ehrlichkeit – und schließlich für eine jahrelange Freundschaft, die im Zweifel alle Krisen überdauert. Danke.